Curso condensado de
Harmonia Tradicional

PAUL HINDEMITH

Tradução de Souza Lima
Edição autorizada para o Brasil por
B. Schott's Söhne - Mainz

Nº Cat.: 145-...

Irmãos Vitale Editores Ltda.
vitale.com.br
Rua Raposo Tavares, 85 São Paulo SP
CEP: 04704-110   editora@vitale.com.br   Tel.: 11 5081-9499

© Copyright by Irmãos Vitale Editores Ltda. - São Paulo - Rio de Janeiro - Brasil.
Todos os direitos autorais reservados para todos os países. *All rights reserved.*

Dados Internacionais de Catalogação na Publicação (CIP)
(Câmara Brasileira do Livro, SP, Brasil)

Hindemith, Paul
 Curso condensado de harmonia tradicional : com predomínio de exercícios e um mínimo de regras / Paul Hindemith ; tradução de Souza Lima.
   São Paulo : Irmãos Vitale,

Título original: Traditional harmony.
"Edição autorizada para o Brasil por B. Schott's Söhne - Mainz".

1. Harmonia I. Título.

ISBN 85-7407-045-9
ISBN 978-85-7407-045-2

98-5511   CDD-781.3

Índices para catálogo sistemático:

1. Harmonia : Música   781.3

© Copyright 1949 by SCHOTT & CO. LTD. - London
Edição autorizada para o Brasil a IRMÃOS VITALE - Editôres - São Paulo - Rio de Janeiro
por B. Schott's Söhne - Mainz - Alemanha
Todos os direitos autorais reservados - All rights reserved.

INDICE

		Pág.
Prefácio		V
Prefácio da segunda edição		IX
Capítulo I:	Introdução	1
Capítulo II:	Tríades das harmonias principais	4
Capítulo III:	Acordes de sexta	13
Capítulo IV:	O acorde de sétima de dominante	19
Capítulo V:	Inversões do acorde de V_7	26
Capítulo VI:	Acordes derivados do V_7	35
Capítulo VII:	Notas estranhas ao acorde	40
Capítulo VIII:	Acorde de $^6_4$, acorde de II^6_5	50
Capítulo IX:	Acordes sobre II, III, VI e VII	55
Capítulo X:	Acordes de sétima de I, II, III, IV, VI e VII	63
Capítulo XI:	Alteração simples	76
Capítulo XII:	Dominantes secundárias	84
Capítulo XIII:	Outros tipos de alteração	90
Capítulo XIV:	Modulação — I	101
Capítulo XV:	Modulação — II	110
Capítulo XVI:	Exercícios suplementares	117

PREFÁCIO

A Harmonia, nossa velha amiga, considerada antigamente como método indispensável e inexcedível de ensinamento, teve que descer do pedestal sobre o qual o respeito geral a tinha colocado. A culpa não é tanto da atitude de estudantes que só consideravam seu estudo como um mal necessário. Deve-se, isto sim, à convicção crescente de certos professores, pois que, se bem deva-se seguir as regras da harmonia por mero respeito à tradição, convém, entretanto, emancipar-se delas, se há intenção de empreender tarefas criadoras e ainda teorias de ordem superior, para seguir com segurança nosso caminho. A prática musical encaminhou-se por sendas, pelas quais o ensino da harmonia não a pode seguir. Princípios construtivos que abrangem somente uma pequena fração das possibilidades do material harmônico; limitação com respeito ao estilo; dependência excessiva da notação; fundamentos acústicos insuficientes: eis aqui as razões que motivaram o atraso do estudo da harmonia, na controvérsia surgida entre a prática musical e o ensino teórico. Tenho escrito extensamente sobre esse tema. Na "Arte da Composição Musical" dediquei centenas de páginas à crítica da teoria convencional da harmonia e a sugestões para seu melhoramento, de modo que posso dispensar aqui uma discussão extensa sobre este tema.

Apesar da evidente perda de prestígio que sofreu o ensino tradicional da harmonia, devemos considerá-la ainda como o setor mais importante do ensino teórico, pelo menos até que não tenha sido substituído por qualquer novo sistema: sistema geralmente reconhecido, universalmente adotado, mais amplo e melhor em todo sentido. E ainda depois da introdução de tal sistema, a harmonia conservará um alto posto, como método histórico que teve grande importância noutros tempos; e se bem que já não forme parte do programa de estudos do atormentado aluno de violino ou de piano, será de maior importância na educação dos futuros professores de teoria e de história musical.

Em ambas situações, a atual, na qual a fé no poder mágico das antigas regras de harmonia está desaparecendo rapidamente, e a futura, na qual tais regras terão interesse somente para o estudante que analisa e que dirige seu olhar ao passado, dificilmente sentirá alguém um grande desejo de empregar mais tempo que o absolutamente necessário à aquisição dos conhecimentos harmônicos. Portanto, o princípio fundamental para a instrução neste campo, deve ser o seguinte: dar ao estudante o material de que necessita, em forma condensada e insistindo constantemente sobre a base puramente histórica e o valor prático, único relativo ao estudo da harmonia, para logo tratar de pô-lo em contacto com métodos mais avançados. O ensino deve ser rápido, o que não quer dizer que deva ser descuidado. Brevidade e prolixidade podem combinar-se muito bem se se deixar de mencionar o incerto, o excepcional e o que está baseado em considerações puramente estilísticas e pessoais. Felizmente, a situação não é tal como pretendem fazer-nos crer muitos livros de texto que apresentam a harmonia como uma ciência profunda e difícil, quase como uma arte secreta. Pelo contrário, a harmonia é uma arte simples, baseada numas poucas regras empíricas derivadas de feitos históricos e acústicos, regras fáceis de aprender e aplicar, desde que se não as envolva em uma nuvem de nebulosidade pseudo-científica.

Pode, portanto, ser apresentada ao aluno sem dificuldade alguma em forma simples e concentrada.

Em minha opinião, o fato de — apesar de se ter a necessidade de uma instrução clara e breve — continuarem aparecendo grandes e grossos manuais de harmonia que encontram leitores, não é isso, de maneira alguma, sinal de contínua extensão e aperfeiçoamento do método. Como sistema teórico e como método pedagógico, a harmonia tem sido explorada e aperfeiçoada em seus mais recônditos esconderijos; seu material tem sido examinado, esmiuçado e reorganizado centenas de vezes e, com a melhor boa vontade do mundo, não se descobrirão caminhos que não tenham sido investigados. Parece-me que a maioria dos músicos procura aquietar remorsos quando prossegue lendo e estudando os intermináveis reagrupamentos e reedições das velhas verdades. Ninguém está realmente satisfeito com o que aprendeu durante seu estudo de harmonia. Por um lado o material lhe foi apresentado em forma pouco atraente; por outro, todas as demais atividades lhe pareciam mais interessantes que o estudo teórico que, geralmente, tem uma influência tão lamentavelmente pequena sobre as realizações musicais práticas que devem ser aprendidas nos primeiros anos. É assim que mais tarde se adquire o último livro de harmonia, tal como se haviam comprado outros antes dele, para recuperar, finalmente, o perdido (geralmente a intenção é o objetivo da empresa), descobrindo possìvelmente, em última instância, alguns dos segredos cuja presença todo músico suspeita, mais ou menos, por trás do véu da teoria musical.

É como se bastasse apenas descerrar-se este obscuro véu para se poder contemplar o mistério do espírito criador. Mas não importa quantos livros de harmonia se leia, porque não trazem novas revelações; e mesmo as mentes mais poderosas fracassarão ao fazê-las, se por casualidade empreenderem a redação de um novo texto de harmonia.

Por que então esta nova tentativa, se pelo já dito será tão inútil e de tão pouco proveito como todas as demais? A resposta a esta pergunta é que dou este passo atrás conscientemente, convencendo-me da sua relativa importância. Sua finalidade não é prover uma base tradicional aos princípios expostos na "Arte da Composição Musical" (o que não é necessário, posto que, para o leitor inteligente a tradição está presente em todas as páginas dessa obra), e sim facilitar o rápido aprendizado acima mencionado, e este da forma menos escolástica possível a fim de que se sinta contìnuamente uma estreita relação com a música viva. É certo que ainda neste livro há regras suficientes, mas foram reduzidas a um mínimo possível, enquanto que por outro lado dedicou-se especial cuidado em proporcionar material para trabalhos práticos. Trechos de música de todas as espécies e estilos (na medida em que um estilo pode estar representado pelo emprego de um conjunto especial de material harmônico) foram providos em grande quantidade, de modo que se um estudante recorre, a poder de trabalho, a este conjunto de problemas de todo o tipo, sem que se lhe imponha o aprendizado de demasiadas regras, é muito provável que chegue a um conhecimento mais profundo e consciencioso do trabalho harmônico, depois de ter esmiuçado inúmeros, pesados e doutos tratados de harmonia. Não se requer do estudante nenhuma classe de talento para a composição. Ao limitar-se estritamente ao procedimento técnico do encadeamento de harmonias, este livro possibilita a qualquer músico ou aficionado da música, desprovido da menor idéia criadora, o domínio dos exercícios proporcionados.

Está dentro da natureza da matéria que mesmo o plano de ensino mais condensado deve seguir aproximadamente o desenvolvimento histórico da composição musical, tal como se manifesta na composição livre, independente das regras dos livros de texto. Isto é certo pelo menos até este ponto: que os exercícios que empregam material harmônico simples correspondem a uma época mais primitiva da técnica da composição, enquanto que, à medida que o estudante domine mais acordes, progressões e relações tonais, vai-se aproximando mais estreitamente da prática das últimas décadas. Porém, como nossos exercícios, em princípio, não servem nem a fins históricos nem estilísticos, esta correspondência muito esquemática com a evolução da música desde 1600 até 1900, é de todo suficiente. Olhando o passado como o fazemos desde uma época em que o material utilizado é conhecido em sua totalidade, até a técnica que ainda investiga e descobre, podemos deixar de lado muitos rodeios e caminhos marginais que os pesquisadores e descobridores originais tiveram que percorrer; de fato, a fim de chegar ao máximo do domínio de nossa matéria, podemos eliminar determinados procedimentos técnicos e valorizar outros, em comparação com a escala real dos compositores do passado. As bases históricas, físicas e fisiológicas de nossa forma de trabalho não são de importância aqui. Os que delas se interessem podem procurar esses temas na literatura correspondente. Também foi omitida aqui a inclusão de exemplos ilustrativos de literatura musical; cabe ao professor indicar ao estudante onde encontrar os modelos para seu trabalho. Os exercícios do livro conduzem o aluno desde os primeiros passos no estudo da harmonia, até às mais complexas combinações da técnica da alteração. Para grupos reduzidos, compostos de estudantes normalmente dotados, que se reunem duas vezes por semana, este material proporcionará trabalho para um ou dois anos. Para estudantes menos capacitados, aos quais não bastam os exercícios dados, o professor poderá incluir exercícios suplementares, enquanto que os estudantes bem dotados poderão adquirir, talvez, considerável destreza, elaborando somente uma parte do material.

O fato de que a harmonia pode ser ensinada seguindo-se este método, foi demonstrado no curso para o qual e com cuja participação ativa foi escrito este manual. Na Escola de Música da Universidade de Yale, revisamos o material deste livro em poucas semanas. O desejo de ajudar outros professores e estudantes que tenham sentido profundamente a falta de abundante e variado material de exercício, foi o que me levou a publicar este pequeno livro.

PAUL HINDEMITH

PREFÁCIO DA SEGUNDA EDIÇÃO

Para o autor de um livro de harmonia, frases tais como "60.º milhar", "20.ª edição", "Reimpressão a preço reduzido", terão sempre o som de um lendário canto de sereias. Em geral, o autor pode ficar contente se a quantidade de exemplares comparativamente reduzida da primeira edição encontrar compradores, sem muito trabalho. Com esta perspectiva, dificilmente poderia esperar algo mais que um interesse moderado por esta pequena obra, e menos ainda por ter surgido intencionalmente, como parte de trabalhos mais importantes, sem outra finalidade que a de apresentar a alguns professores e estudantes, em conflito com problemas similares, algum material de ensino que se considerasse prático. No entanto, apenas um ano após a primeira publicação, uma segunda edição se faz necessária. Que o fato se deva à natureza ou à concatenação do livro, ou que as condições atuais sejam particularmente favoráveis para a distribuição de uma tal obra, ou que as vendas sejam o resultado de uma mera curiosidade, são perguntas que devem permanecer sem resposta. Contento-me em desejar boa sorte a esta segunda edição, ao ser lançada a venda.

Nos exercícios propriamente nada foi mudado, salvo a eliminação de erros de impressão e inexatidões. Em troca, no texto efetuaram-se alguns acréscimos: foram melhoradas fórmulas pouco precisas, e, onde era necessário, foram introduzidas explicações adicionais.

PAUL HINDEMITH

New Haven, Abril de 1944.

HARMONIA TRADICIONAL

CAPÍTULO I
INTRODUÇÃO

1. *Requisitos preliminares*
   Conhecimento das:
   escala maior
   escala menor (em suas diferentes formas)
   tonalidade e sua progressão por quintas
   alterações
   valores das notas e das pausas
   sinais de indicação de compasso
   claves de sol e fá
   intervalos em todas suas formas

2. *Vozes*
   Escrevemos para 4 vozes: Soprano, Contralto, Tenor e Baixo.
   A extensão de cada uma destas vozes é a seguinte:

   Usamos dois pentagramas: o superior para Soprano e Contralto; o inferior para Tenor e Baixo.

3. *Tríades*
   O material empregado é o acorde perfeito em suas duas formas principais:

   Maior   Menor

   Nome das notas do acorde perfeito:
   Inferior: fundamental
   Média: terça
   Superior: quinta.
   Denominam-se os acordes de acordo com suas fundamentais, por exemplo: Dó maior, mi menor, etc.
   Terminologia: letras maiúsculas — maior (Dó — acorde perfeito de Dó maior).
   Letras minúsculas — menor (lá — acorde perfeito de lá menor).

EXERCÍCIO 1

Toque-se no piano: Lá, lá, Dó ♯, ré ♭, Si ♭, si, Sol ♭, fá ♯.

4. *Duplicações*

   Distribuição das notas de uma tríade entre as quatro vozes: uma delas deve ser duplicada.
   Duplicações permitidas: a fundamental (de preferência), ou a quinta. (Não duplicar a terça).
   Não cruzar as vozes (mantê-las na ordem natural: Soprano, Contralto, Tenor e Baixo).

5. *Distribuição das vozes*

   Posição cerrada dos acordes: nenhuma nota do acorde pode ser intercalada entre o Soprano e o Contralto ou entre o Contralto e o Tenor.

   Posição aberta: notas do mesmo acorde podem ser intercaladas entre o Soprano e o Contralto ou entre o Contralto e o Tenor.

   Distância das vozes: entre o Soprano e o Contralto ou entre o Contralto e o Tenor, nunca maior que uma oitava; entre o Tenor e o Baixo, qualquer distância.

   Posições determinadas pela nota do soprano: posição de oitava, de quinta e de terça, as três cerradas ou espaçadas.

   cerrada   espaçada   c   c   e   e   c   e   e

   Posição de oitava   Posição de quinta   Posição de terça

EXERCÍCIO 2

Escrevam-se os seguintes acordes em todas as posições possíveis, espaçadas e cerradas:

Ré, Si♭, Fá♯, Lá♭, Sol, mi, sol♯, mi♭, fá, si.

6. Tríades na escala

Podem-se construir tríades sobre todas as notas da escala. Para tanto devem ser empregadas unicamente as notas da escala.

Em maior: [Dó maior]

Em menor:
(Emprega-se a escala menor harmônica). [lá menor]

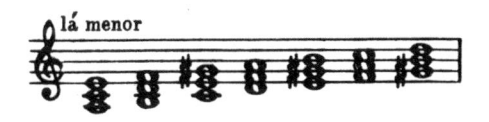

Os graus da escala (e os acordes construídos sobre eles) designam-se por meio de algarismos romanos I - VII.

Em maior: I, IV e V são acordes perfeitos maiores;
II, III e VI são acordes perfeitos menores;
VII é um acorde diminuto.

Em menor: I e IV são acordes perfeitos menores;
V e VI são acordes perfeitos maiores;
II e VII são acordes diminutos;
III é um acorde aumentado.

Nome das notas mais importantes da escala:
I Tônica
V Dominante
IV Subdominante
VII Sensível

O acorde de dominante é um acorde perfeito maior em ambos os modos. Sua terça é a sensível.

EXERCÍCIO 3

Toquem-se no piano os seguintes acordes, em todas as posições possíveis, espaçadas e cerradas:

Ré I, Mi♭ V, Fá♯ IV, Ré♭ II, sol I, dó♯ VI, lá♭ V, si I.

CAPÍTULO II
TRÍADES DAS HARMONIAS PRINCIPAIS

1. *Encadeamento dos acordes principais*: I-V, V-I e I-IV, IV-I.
   Sua forma mais simples: Fundamental duplicada em ambos os acordes à oitava ou ao uníssono.

   Procedimento:
   a) Escreva-se a progressão do baixo do primeiro acorde ao segundo.
   b) Complete-se o primeiro acorde.
   c) Mantenha-se no segundo acorde a nota comum a ambos.
   d) Conduzam-se as duas notas restantes do primeiro acorde por grau conjunto, às notas mais próximas do segundo.

   O movimento das vozes:
   a) Movimento direto: Duas ou mais vozes movem-se na mesma direção.

   b) Movimento contrário: Duas vozes movem-se em direção oposta.

   c) Movimento oblíquo: Uma voz permanece fixa enquanto a outra se move.

EXERCÍCIO 4

Escrevam-se os seguintes encadeamentos:

Lá	I-V	mi	I-V
Fá	V-I	fá♯	V-I
Si	I-IV	dó	I-IV
Mi♭	IV-I	sol	IV-I

EXERCÍCIO 5

Toquem-se os seguintes encadeamentos:

Sol	I-V	dó♯	I-V
Si♭	V-I	fá	V-I
Mi♭	I-IV	lá	I-IV
Ré♭	IV-I	si	IV-I

2. *Forma mais complicada dos encadeamentos* I-V e I-IV: duplicação da quinta no primeiro acorde, qualquer duplicação permitida no segundo. Procedimento:
   a) Como no caso anterior.
   b) Como no caso anterior.
   c) Se se puder sustentar duas notas ao passar do primeiro acorde para o segundo, mantenha-se uma e conduza-se a outra pelo caminho mais curto (salto de uma terça maior ou menor) à nota mais próxima do segundo acorde.
   d) Se não se puder manter nenhuma nota, conduzam-se cada uma das três vozes superiores pelo caminho mais curto (por grau conjunto, ou por salto nunca maior que uma quarta) à nota mais próxima do segundo acorde.

Regras para a condução das vozes:
   a) Evite-se conduzir duas vozes quaisquer em oitavas consecutivas ou em uníssono:

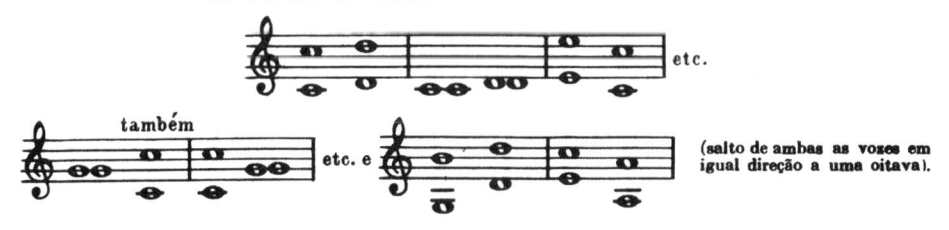

   também   etc. e   (salto de ambas as vozes em
                                                                            igual direção a uma oitava).

   b) Evitem-se quintas consecutivas:

c) Não se deve efetuar saltos das quatro vozes em movimento direto. Mesmo saltos de três vozes na mesma direção deverão ser tratados com cuidado. O excessivo impulso para a frente, criado por tal acúmulo de saltos, pode ser restringido, mantendo-se imóvel a voz restante ou conduzindo-a em direção oposta.

São permitidos, sem limites, saltos simultâneos de três vozes que não constituam mais que uma mudança de posição do mesmo acorde, sempre que a quarta voz permaneça imóvel ou que se mova em direção oposta. (Ver mais adiante o exercício 11).

EXERCÍCIO 6

Escrevam-se encadeamentos das espécies explicadas:

Mi♭ I-V	lá I-V
Sol V-I	sol♯ V-I
Sol♭ I-IV	si♭ I-IV
Ré IV-I	ré♭ IV-I

EXERCÍCIO 7

Toquem-se encadeamentos das espécies explicadas:

Si♭ I-V	si I-V
Lá♭ V-I	mi V-I
Fá♯ I-IV	fá I-IV
Mi IV-I	ré♯ IV-I

3. *Encadeamentos dos acordes* IV-V e V-IV.

Sua forma mais simples: ambos acordes com a fundamental duplicada. Procedimento:
   a) Como nos casos anteriores.
   b) Como nos casos anteriores.
   c) Conduzam-se as três vozes superiores em movimento contrário ao baixo e pelo caminho mais curto possível, às notas do segundo acorde. (Esta regra é aplicável em sua totalidade somente na forma mais simples da progressão IV-V e V-IV).

Regras para a condução das vozes:
- a) Duas vozes não devem mover-se em forma ascendente em direção a uma oitava partindo de um intervalo menor (oitavas ocultas).
- b) Duas vozes extremas não devem mover-se em forma ascendente em direção a uma quinta, partindo de um intervalo menor (quintas ocultas).

EXERCÍCIO 8

Escrevam-se os seguintes encadeamentos:

Lá	IV-V	fá	V-IV
Sol♯	V-IV	si	IV-V
Ré	IV-V	ré♭	V-IV

EXERCÍCIO 9

Toquem-se os seguintes encadeamentos:

Mi	IV-V	fá♯	V-IV
Si	V-IV	sol	IV-V
Dó♯	IV-V	mi♭	V-IV

Forma mais complicada: duplicação da quinta no primeiro acorde. Em alguns casos, este encadeamento só é possível quando se omite a quinta no segundo acorde, triplicando-se a fundamental. Procedimento:
- a) Como nos casos anteriores.
- b) Como nos casos anteriores.
- c) Conduza-se cada uma das três vozes superiores em qualquer direção e pelo caminho mais curto, às notas do segundo acorde. (Assim não se produzirão saltos maiores que uma quarta).

Regras para a condução das vozes:
- a) Nenhuma voz deve efetuar saltos de um intervalo aumentado ou diminuto.
- b) Evitem-se saltos maiores de uma quinta nas três vozes superiores.

EXERCÍCIO 10

Escrevam-se os seguintes encadeamentos com duplicação da quinta no primeiro acorde:

  Láb IV-V   dó IV-V
  Si V-IV   mi IV-V
  Mib V-IV   láb IV-V

O que foi dito anteriormente com relação ao segundo acorde nestes encadeamentos é aplicável, daqui em diante, em todos os acordes maiores e menores: pode-se omitir a quinta.

EXERCÍCIO 11

Escrevam-se os seguintes encadeamentos (indicação de graus e ritmo dados):

Sol 4/4   I   IV | V   I | IV   V | I ‖

Si 3/2   I   V   I | IV   I   V | I   V   IV | I ‖

Réb 4/4   V | I   IV | V   I | IV   V | I ‖

Lá 3/2   IV   I | V   I   IV | I   IV   V | I ‖

fá 3/4   IV   IV | V   I | V   I | IV   I ‖

si 3/2   I   V   I | IV   I   V | I ‖

láb 4/4   I | V   IV | I   I | IV   V | I ‖

mi 3/2   I   I   V | IV   IV   V | I ‖

Quando se repete a harmonia, a posição do acorde deve ser mudada.

EXERCÍCIO 12
(Baixo com indicação de graus)

EXERCÍCIO 13

Pequeno baixo (Baixo sem indicação de graus)

Sobre cada nota do pequeno baixo deve-se formar o acorde correspondente.

Láb

Si

Fá

Dó#

As alterações abaixo das notas do baixo, referem-se a sua terça.

lá #

ré#

sib

ré

EXERCÍCIO 14
(Melodia com indicação de graus)

Fá# I IV I IV V V I

Mib I I IV IV I V I

Lá I I V IV I I IV V I

Fá I V I IV I V* I IV V I

* Não há razão para evitar as quintas por movimento contrário, que provêm de tais passagens melódicas (que muitos livros proibem).

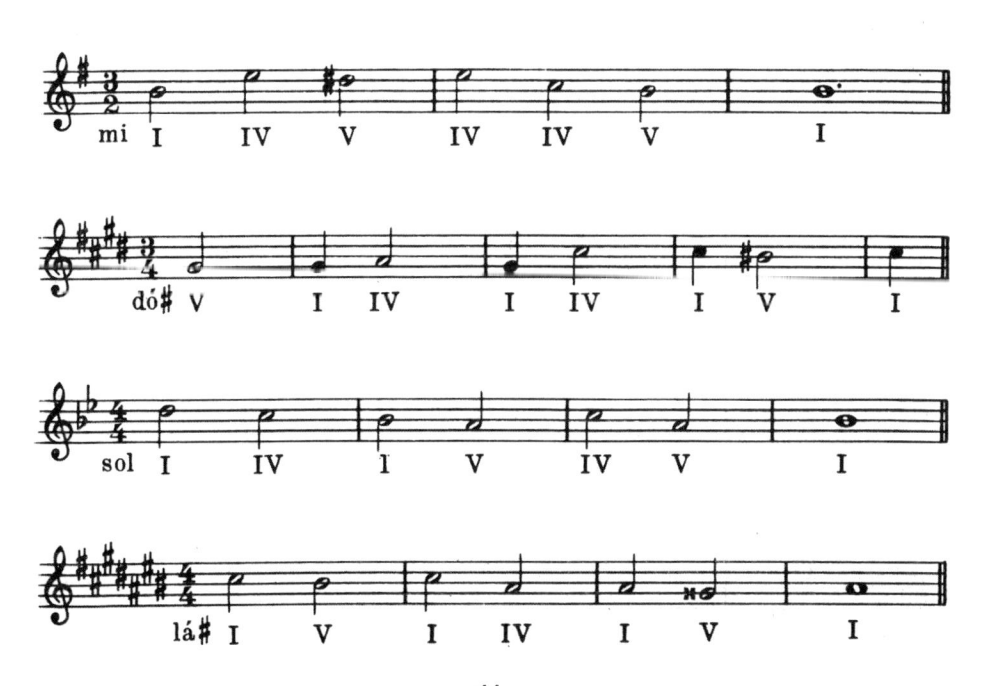

mi I IV V IV IV V I

dó# V I IV I IV I V I

sol I IV I V IV V I

lá# I V I IV I V I

EXERCÍCIO 15

(Melodia sem indicação de graus)

CAPÍTULO III
ACORDES DE SEXTA

1. *Inversão dos acordes maiores e menores.*

    A terça do acorde está no baixo.

    Indicação do baixo numerado: 6
    Duplicações: fundamental ou quinta (por enquanto não a terça).
    Posição de oitava ou de quinta (não de terça).

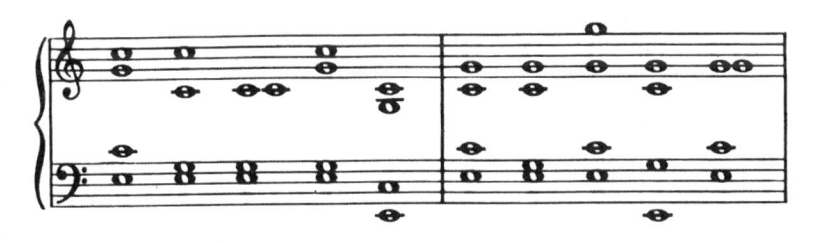

EXERCÍCIO 16

Escrevam-se e toquem-se os seguintes acordes de sexta em diferentes posições:

Lá	I$_6$	láb	V$_6$
Fá♯	V$_6$	mi	I$_6$
Mib	IV$_6$	ré♯	IV$_6$
Si	I$_6$	si	V$_6$

A quinta pode ser omitida e a fundamental triplicada:

2. *Encadeamento entre acordes de sexta consecutivos ou entre acordes de sexta e acordes fundamentais,* tratados do mesmo ponto de vista que as progressões que se referem somente a acordes fundamentais.

    Procedimento recomendado para efetuar encadeamentos simples e corretos:
    a) Se dois acordes têm uma nota comum, esta deve ser mantida.
    b) Conduza-se cada uma das vozes empregando os menores intervalos possíveis.

Quando a harmonia não muda, podem ser empregadas, nas três vozes superiores, oitavas ocultas que constituem um acorde quebrado:

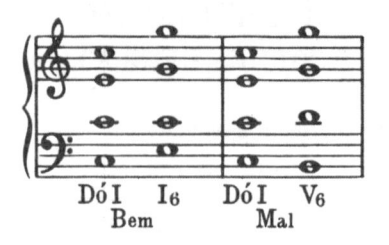

EXERCÍCIO 17
(Indicação de graus e ritmo dados)

No baixo são permitidos:
    a) Saltos de oitava ou sexta.
    b) Saltos de intervalos aumentados ou diminutos para a sensível.

EXERCÍCIO 18
(Baixo numerado)

Significado dos números:
Nota sem número = Acorde fundamental
6 = Acorde de sexta

EXERCÍCIO 19
(Pequeno baixo)

EXERCÍCIO 20
(Melodias com indicação de graus)

Daqui em diante não é mais necessário conduzir sempre as três vozes superiores pelo caminho mais curto, ao passar d'um acorde ao seguinte nem manter as notas comuns. Os saltos de oitava ou de sexta podem também ser efetuados nas vozes superiores.

Ré I V I$_6$ IV V V$_6$ I I$_6$ V V$_6$ I

Fá I IV —— I I$_6$ V —————— I$_6$ I IV$_6$ V V$_6$ I

Fá# I IV I V$_6$ I IV$_6$ IV I I$_6$ V IV I

Lá I V$_6$ IV$_6$ V I V I IV IV V* I$_6$ —— V I

dó I V$_6$ I IV$_6$ V I IV$_6$ IV V IV$_6$ V I —— I$_6$ IV V I

fá# I —— V$_6$ —— V —— I —— IV$_6$ I V$_6$ I

láb I IV I IV$_6$ V V$_6$ I IV$_6$ IV V I

ré I V$_6$ V IV$_6$ — V V$_6$ I —— IV IV$_6$ V V$_6$ — I IV I

* Baixo e tenor em uníssono.

EXERCÍCIO 21
(Melodias sem indicação de graus)

Depois de uma cesura claramente perceptível na melodia ou no baixo numerado, as quatro vozes podem saltar na mesma direção.

CAPÍTULO IV
O ACORDE DE SÉTIMA DE DOMINANTE

1. *O acorde de sétima de dominante* consiste no acorde perfeito da dominante ao qual se acrescenta a sétima de sua fundamental.

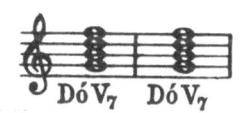

    Posições possíveis: de terça, quinta, sétima (não de oitava). Característica típica: a quinta diminuta ou, nas posições que não sejam as de sétima, a quarta aumentada (trítono).

2. *A quinta diminuta e a quarta aumentada* exigem resolução.

    Resolução da quinta diminuta:

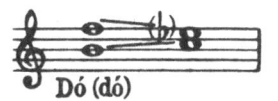

    Resolução da quarta aumentada:

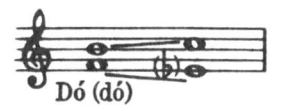

    Em ambos os casos a sensível sobe à tônica.

3. *Encadeamento do acorde de sétima de dominante com o acorde de tônica.* Procedimento:
    a) Escreva-se a progressão do baixo.
    b) Complete-se o primeiro acorde.
    c) Resolva-se a quinta diminuta ou a quarta aumentada.
    d) Conduzam-se as outras vozes ao acorde seguinte pelo caminho mais curto.

    A quinta do acorde de sétima de dominante pode ser suprimida, e quando isso acontece torna-se possível a posição de oitava. Quando o acorde de sétima de dominante contém sua quinta, o acorde de resolução está desprovido dela. O contrário também é certo: V_7 sem quinta — I com quinta.

EXERCÍCIO 22

Escrevam-se os seguintes encadeamentos:

a) Acorde de sétima *com* quinta, acorde de resolução *sem* ela.

Mi V_7–I	si V_7–I	Ré I–V_7
Ré♭ V_7–I	lá V_7–I	Lá♭ I–V_7
Si♭ V_7–I	mi♭ V_7–I	dó I–V_7
Sol V_7–I	fá♯ V_7–I	sol♯ I–V_7

b) Acorde de sétima *sem* quinta, acorde de resolução *com* ela.

Lá V_7–I	dó♯ V_7–I	Mi I–V_7
Fá V_7–I	mi V_7–I	Fá♯ I–V_7
Si V_7–I	sol V_7–I	si♭ I–V_7
Dó V_7–I	lá♭ V_7–I	ré♯ I–V_7

EXERCÍCIO 23

Toquem-se encadeamentos similares.

4. No encadeamento V_7 (*com ou sem quinta*) — IV, a quinta diminuta ou quarta aumentada não pode ser resolvida. Neste encadeamento (ou no oposto) a nota comum pode ser mantida a fim de ligar êsses acordes da maneira mais direta possível.

EXERCÍCIO 24
(Graus e ritmo dados)

Fá 4/4 | I IV I_6 | V_7 I | V_6 I IV | V_8 $_{7*}$ I ||

* 8 - oitava, 7 - sétima, em continuação da oitava do tempo seguinte.

Lá 3/4 | I V | IV I | V_6 V_7 I | I_6 IV V_7 | I. ||

Mi♭ 2/4 | I IV V_7 | I | I_6 IV | V_7 I | IV V | V_6 I ||

Fá♯ 6/8 | I I_6 | IV V V_7 | I IV_6 | V_6 V_7 | IV_6 V_6 | I IV | V V_7 | I. ||

mi 2/2 | I I_6 | V I_6 | IV V_7 | I | V_6 I | I_6 | IV IV_6 | V V_7 | I ||

lá♭ 3/4 | I | I_6 V_6 I | V | V_6 — V_7 | I | IV I_6. | V_7 | I IV V | I ||

ré♯ 4/4 | I_6 IV_6 V | I | I IV V_7 | I | V_7 IV IV_6 | V_8 $_7$ I ||

si 3/4 | I I_6 | V V_6 | I | I_6 IV | IV_6 V | I_6 V_6 I | IV IV_6 | V V_7 | I. ||

EXERCÍCIO 25
(Baixo numerado)

Nos baixos numerados, um 7 colocado debaixo d'uma nota indica um acorde de sétima.

Muitas formas do encadeamento IV - V_7 (e vice-versa) podem ser realizadas satisfatoriamente tão somente por meio d'um intervalo melódico aumentado ou diminuto. Para tanto, daqui em diante, fica permitido o movimento à sensível (não somente no baixo, como também nas demais vozes) por meio de um intervalo aumentado ou diminuto. (Raramente se pode abandonar a sensível por intermédio de tal intervalo).

EXERCÍCIO 26
(Pequeno baixo)

De agora em diante, a terça pode ser duplicada em acordes fundamentais e em acordes de sexta.

Exemplos nos quais a duplicação da terça pode ser de grande proveito:

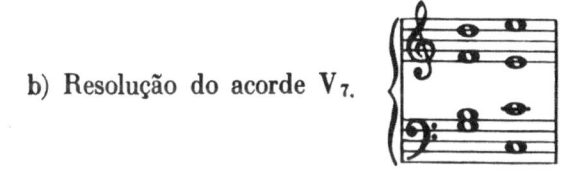

a) Acordes de sexta.

b) Resolução do acorde V$_7$.

Aconselha-se não duplicar a terça, por ser a sensível de um acorde de dominante (perigo de oitavas consecutivas). A sétima tampouco deve ser duplicada.

EXERCÍCIO 27
(Melodias com indicação de graus)

Fá I I$_6$ IV I$_6$ IV IV$_6$ V$_7$ I IV$_6$ V I$_6$ IV$_6$ I IV$_6$ V V$_7$ I

Lá I IV I$_6$ V V$_6$ V$_7$ I IV$_6$ I V$_6$ V

I$_6$ —————— IV ——— IV$_6$ V$_7$ I

Ré♭ I I$_6$ V$_6$ I V V$_6$ I I$_6$ V$_6$ I IV

V$_6$ I V$_6$ IV$_6$ ——— V V$_6$ IV$_6$ V$_7$ I

Mi I V7 I V7 I6 V7 I I6
IV6 IV I I6 V V7 I
dó IV IV6 V7 I IV IV6 I I6 V I6
IV6 IV IV6 V7 I I6 V IV6 IV V6 I IV I
fá# I V6 V V6 I IV IV6 IV
V6 I I6 I V V7 V7 I (Maior)
sib I6 I IV I6 IV6 I6 IV I
IV I6 V I V6 V7 I
si I IV I6 IV6 I IV I6 IV6 V I IV6 V7
I I6 IV6 I6 IV I6 IV IV6 I

EXERCICIO 28
(Melodias sem indicação de graus)

Quando não há outra indicação, o último acorde deve ser sempre o de tônica. O acorde final deve estar sempre em estado fundamental, nunca invertido.

CAPÍTULO V
INVERSÕES DO ACORDE DE V_7

1. Há *três inversões* possíveis do acorde de sétima de dominante, cada uma das quais em três posições:

Acorde V_5^6 = a terça no baixo: (posição de terça impossível).

Dó V_5^6

Acorde V_3^4 = a quinta no baixo: (posição de quinta impossível).

Dó V_3^4

Acorde V_2 = a sétima no baixo: (posição de sétima impossível).

Dó V_2

A numeração para estes acordes é a seguinte: $_5^6, _3^4, 2$.

A quinta do acorde pode ser suprimida nas inversões de $_5^6$ e 2; nestes casos a fundamental (Sol, nos exemplos dados mais acima) é duplicada.

2. *Encadeamentos* V_5^6 (V_3^4, V_2) — I: procedimento como em V_7 — I. Resoluções normais:
    V_5^6 ao I fundamental.
    V_3^4 ao I fundamental ou I_6.
    V_2 ao I_6.

EXERCÍCIO 29

Escrevam-se os seguintes acordes em qualquer posição:

Mi V_5^6	Fá V_3^4	lá V_2	sol V_5^6
Ré V_3^4	Sol♭ V_2	dó V_5^6	mi♭ V_3^4
Si V_2	Dó♯ V_5^6	ré♭ V_3^4	dó♯ V_2
Lá♭ V_6^5	Si♭ V_3^4	fá♯ V_2	sol♯ V_5^6

Toquem-se estes acordes no piano e resolva-se cada um deles na respectiva forma de I.

Encadeamentos V_5^6 (V_3^4, V_2) - IV: procedimento como em V_7-IV (não há resolução normal da quinta diminuta ou da quarta aumentada).

Desde agora são permitidos os seguintes encadeamentos nas vozes extremas:

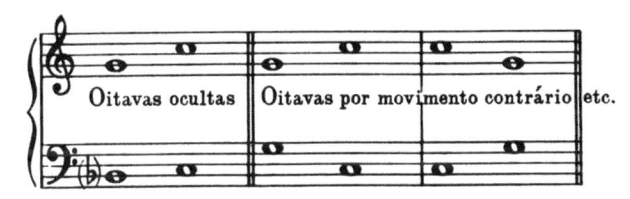

[Oitavas ocultas | Oitavas por movimento contrário | etc.]

as oitavas por movimento contrário, somente no fim de um exercício ou de uma secção articulada claramente.

EXERCÍCIO 30
(Graus e ritmo dados)

Em muitos encadeamentos a quinta diminuta (ou quarta aumentada) do acorde de sétima de dominante ou de suas inversões, não pode ser normalmente resolvida. Porém, seguindo-se as regras dadas, é possível escrever estes encadeamentos de maneira perfeitamente aceitável.

Lá $\frac{3}{4}$: I | V_2 I_6 | V_5^6 I V_6 I | V | IV_6 V_5^6 | I | IV | V | V_5^6 | I ‖

Sol $\frac{2}{4}$: I V_3^4 I_6 IV | V | V_5^6 I V_2 I_6 IV | V | V_2 I_6 I IV | V V_2 | I_6 IV | I ‖

Mi♭ $\frac{6}{8}$: I | V_5^0 | I | I_6 | IV | IV_6 | V | IV_6 V_5^6 | I | V_2 | I_6 IV V_7 | I ‖

Si $\frac{2}{2}$: I | V_6 I | V_7 IV_6 V_7 | IV_6 V IV IV_6 | I I | V_2 I_6 V_3^4 | I V_2 I_6 | IV IV_6 V_7 | I ‖

ré $\frac{2}{4}$: IV V_2 IV | V_2 | V_3^4 IV V_3^4 | I | I_6 IV V | IV_6 V V_2 | I_6 V_7 V_7 | I ‖

sol♯ 4/4 | V V I I₆ | I IV V V | I₆ IV V⁴₃ |
I IV₆ V | I V₂ I₆ IV | V V₇ I ‖

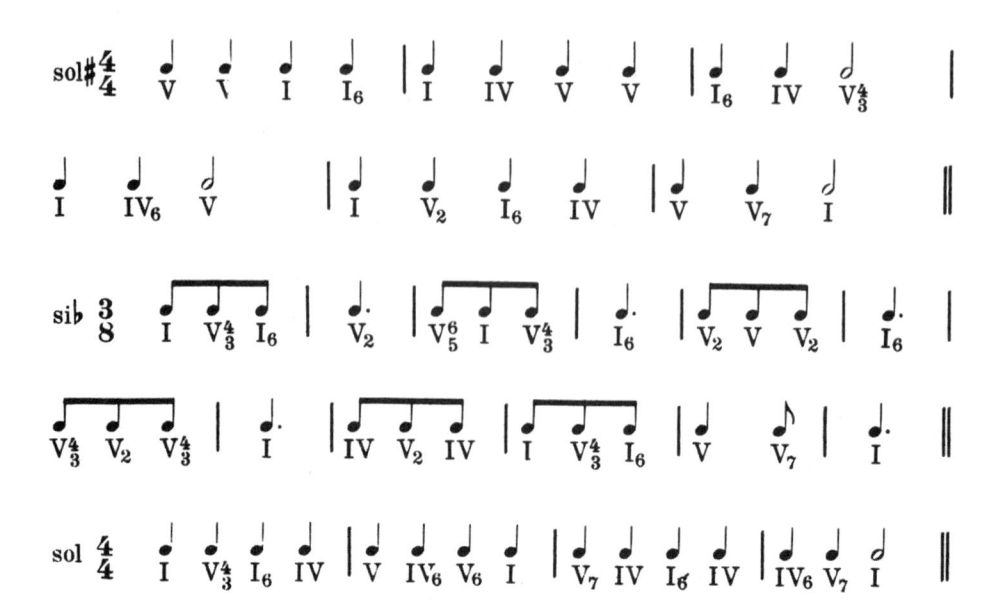

si♭ 3/8 | I V⁴₃ I₆ | V₂ | V⁶₅ I V⁴₃ | I₆ | V₂ V V₂ | I₆ |
V⁴₃ V₂ V⁴₃ | I | IV V₂ IV | I V⁴₃ I₆ | V V₇ | I ‖

sol 4/4 | I V⁴₃ I₆ IV | V IV₆ V₆ I | V₇ IV I₆ IV | IV₆ V₇ I ‖

Desde já podem ser empregadas as seguintes combinações de sons:

1

em todas as posições e duplicações.

2

N.º 2 é empregado somente no fim; N.º 1, em qualquer lugar (atenção: sonoridade oca).

Mas nenhuma das duas formas pode ser empregada imediatamente após acordes que contêm a quinta diminuta ou a quarta aumentada (V₇, V⁶₅, V⁴₃, V₂, etc.).

EXERCÍCIO 31
(Baixos numerados)

As alterações colocadas diante de um número, afetam o intervalo indicado por ele, partindo do baixo.

EXERCÍCIO 32
(Pequenos baixos)

Em posição cerrada, num acorde de V_7 é inevitável, às vezes, passar o baixo por cima do tenor.

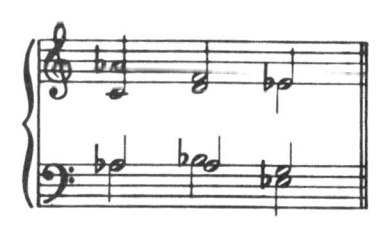

Ainda que aparentemente resulte bem um acorde de V_2, o efeito vigoroso da progressão do baixo justifica que consideremos o acorde como revestido de toda a força de um V_7. Excetuando-se este caso, o cruzamento das vozes deve ser evitado na medida do possível.

EXERCÍCIO 33
(Melodias com indicação de graus)

EXERCÍCIO 34
(Melodias sem indicação de graus)

Não devem ser empregados como acordes finais de exercícios, acordes de sétima e combinações similares, como tampouco suas inversões.

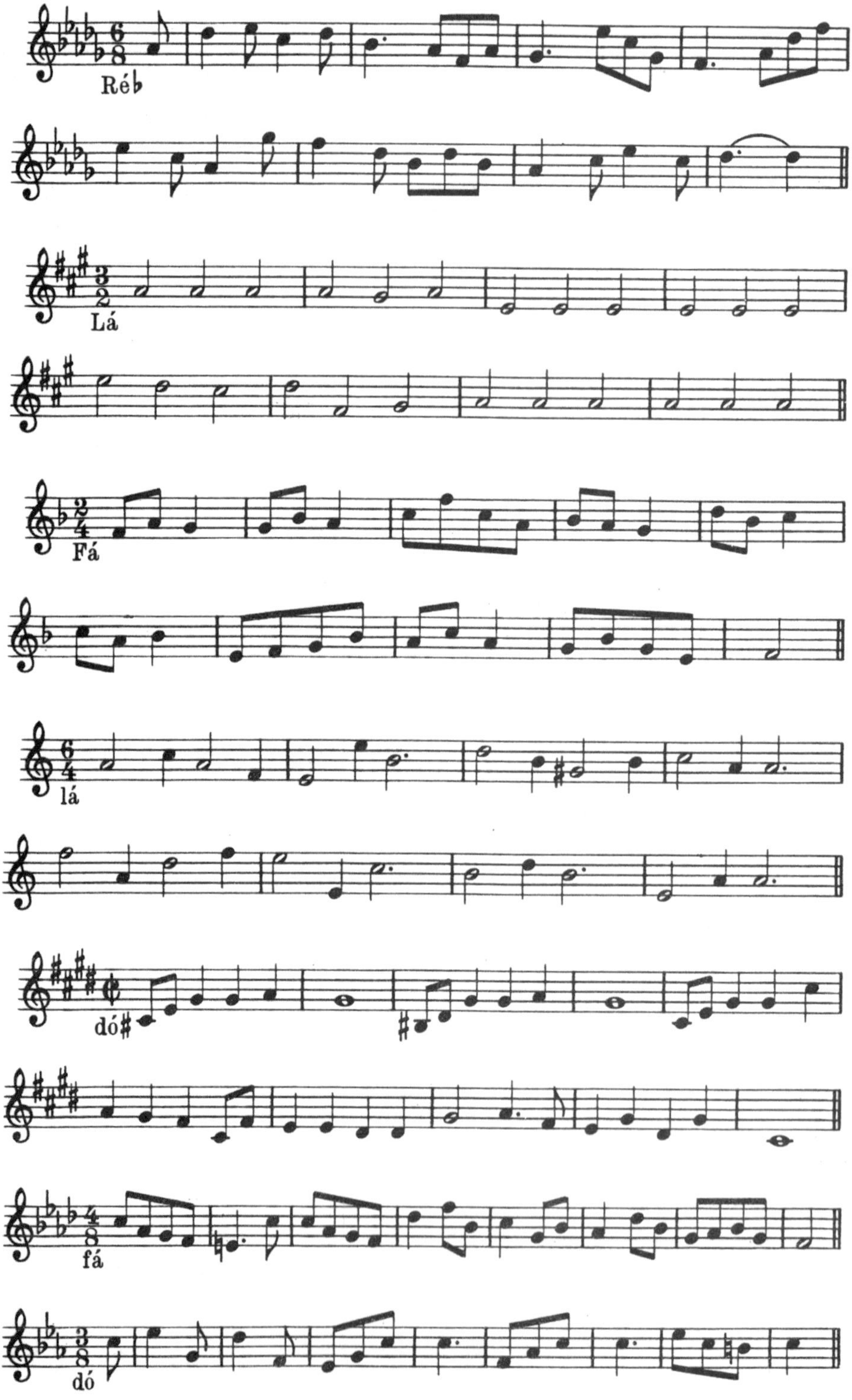
Ré♭
Lá
Fá
lá
dó♯
fá
dó

CAPÍTULO VI
ACORDES DERIVADOS DO V_7

1. *O acorde de nona de dominante* consiste num V_7 ao qual se acrescenta a nona de sua fundamental:

$$\text{Dó } V_9 \quad \text{dó } V_9$$

Inversões: $V_{\frac{6}{5}}^{7}$ e $V_{\frac{4}{2}}^{10}$

Indicação de baixo numerado: $9, \frac{7}{\frac{6}{5}}$ e $\frac{10}{\frac{4}{2}}$

Na escrita a quatro partes, o acorde de nona e suas inversões, empregam-se, geralmente, como segue:
   a) a quinta é suprimida;
   b) a nona se acha na voz superior;
   c) as duas vozes superiores não devem formar uma segunda.

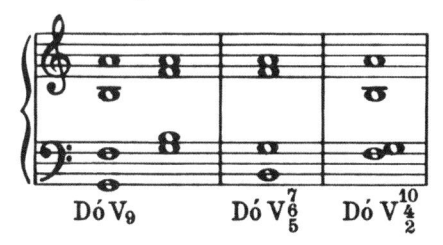

$$\text{Dó } V_9 \quad \text{Dó } V_{\frac{6}{5}}^{7} \quad \text{Dó } V_{\frac{4}{2}}^{10}$$

Não obstante, as duas vozes superiores podem (em $V_{\frac{6}{5}}^{7}$ e $V_{\frac{4}{2}}^{10}$) ser colocadas a uma distância de nona; portanto, já não se aplica, com tanto rigor, a regra que estabelece a oitava como distância máxima entre as duas vozes superiores.

2. *Acorde de sétima de dominante com sexta:*

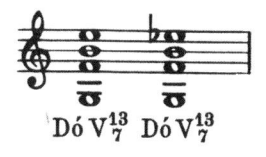

$$\text{Dó } V_7^{13} \quad \text{Dó } V_7^{13}$$

— 35 —

A quinta é substituída pela sexta.

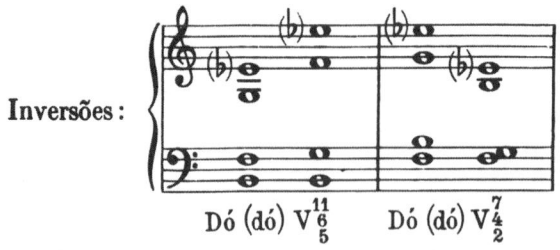

Inversões:

Dó (dó) $V^{11}_{6\;5}$ Dó (dó) $V^{7}_{4\;2}$

A sexta fica quase sempre na voz superior.

Indicação do baixo numerado: $7, \; {}^{13}_{\;6\;5}^{11} \; e \; {}^{7}_{4\;2}$

Nos encadeamentos, os dois derivados (V_9, V^{13}_7) e suas inversões são tratados como V_7 e suas inversões correspondentes.

A nota caraterística destes acordes de dominante (9 em V_9, 6 [13] em V^{13}_7) pode ser alcançada mediante um intervalo diminuto ou aumentado.

EXERCÍCIO 35

Escrevam-se os seguintes acordes:

Lá V_9 si V_9
Mi♭ $V^{7}_{6\;5}$ fá $V^{7}_{6\;5}$
Ré $V^{10}_{4\;2}$ lá♭ $V^{10}_{4\;2}$
Sol♭ V^{13}_7 sol V^{13}_7
Mi $V^{11}_{6\;5}$ ré♯ $V^{11}_{6\;5}$
Si♭ $V^{7}_{4\;2}$ lá $V^{7}_{4\;2}$

Toquem-se estes acordes no piano e resolvam-se em sua respectiva forma de I ($V^{10}_{4\;2}$ e $V^{7}_{4\;2}$ em I_6, vide Capítulo V, secção 2).

EXERCÍCIO 36

(Graus e ritmo dados)

Para evitar saltos desnecessários em todas as vozes, deve-se escolher cuidadosamente a posição dos acordes.

Lá $\frac{3}{4}$ | I | $V^{10}_{4\;2}$ | I_6 | V^{6}_{5} | I | IV | V |
IV | V^{4}_{3} | I | I_6 | V | $V^{11}_{6\;5}$ | I ||

EXERCÍCIO 37
(Baixos parcialmente numerados)

As sucessões de oitavas e quintas ocultas mencionadas na página 7 podem ser usadas:

> entre duas vozes intermediárias, ou
> entre a voz superior e uma intermediária.

(Veja-se também a página 27). Não obstante devem-se tornar menos evidentes por meio de rigoroso movimento contrário de uma das outras vozes, pelo menos.

Todavia seguir-se-á evitando, em todas as vozes, as seguintes oitavas ocultas e as similares que se originam quando duas vozes se deslocam de uma sétima ou de uma nona para uma oitava:

Daqui em diante fica permitido chegar, por meio de um intervalo aumentado ou diminuto, não somente às notas já mencionadas (9 em V_9, 6 em V^{13}_7 e a sensível) como também a outras quaisquer, quando disso resultar uma fluidez maior na condução das vozes (especialmente em menor) ou para evitar erros mais graves.

EXERCÍCIO 38
(Melodias com algumas indicações de graus)

Nos encadeamentos em que se emprega V_7^{13} são produzidas com freqüência oitavas consecutivas:

CAPÍTULO VII
NOTAS ESTRANHAS AO ACORDE

1. *A bordadura* aparece entre uma nota do acorde e sua repetição, em posição métrica mais fraca que esta e à distância de uma segunda superior ou inferior:

2. *As notas de passagem* formam um ou mais intervalos de segunda entre duas notas diferentes de um acorde e se apresentam em posição métrica mais fraca que estas:

3. *O retardo* precede a uma nota do acorde por uma distância de segunda. É preparado incluindo-o como nota própria no acorde anterior e é resolvido levando-o por grau conjunto à nota harmônica correspondente. O retardo ocorre em posição métrica mais forte que sua preparação ou resolução:

Os retardos que resolvem em forma ascendente são menos freqüentes que os que resolvem em forma descendente:

Quando o retardo resolve na terça de um acorde, nada impede que se a duplique quando o referido acorde é um acorde menor. Não obstante, num acorde maior, tal duplicação pode se tornar incômoda e deve sempre ser evitada quando a terça é a sensível (terça do acorde de dominante).

Entre o retardo e a resolução podem ser intercaladas outras notas:

Tenha-se cuidado com as oitavas e quintas consecutivas:

É possível somente em tempo lento:

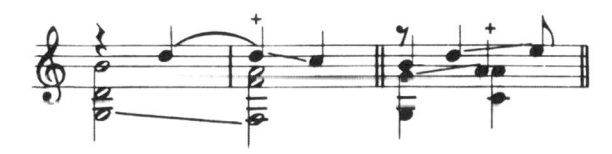

4. *A antecipação* é uma nota própria de um acorde que é antecipada, no acorde anterior imediato, em posição métrica fraca:

5. *A apojatura* é um retardo sem preparação. Tudo o que se disse sobre o retardo, excetuando-se o referente à sua preparação, aplica-se também a ela:

6. *A escapada* sai da nota real de um acorde por grau conjunto e se dirige saltando a uma nota própria do acorde seguinte. Isto acontece em posição métrica mais fraca que sua resolução:

7. *A escapada alcançada por salto* precede à nota própria de um acorde por grau conjunto, estando separada da nota própria anterior por um salto:

8. Por exceção, podem surgir notas estranhas a um acorde e que não se enquadrem em nenhuma das categorias precedentes. São consideradas notas livres.

EXERCÍCIO 39
(Melodias com e sem indicação de graus)

Notar-se-á que freqüentemente acordes mais complicados (por exemplo o acorde de nona e, às vezes, mesmo o acorde de sétima de dominante) podem ser interpretados como acordes mais simples com o acréscimo de notas estranhas. A presença de tais notas estranhas produz, às vezes, a duplicação da sensível ou de notas caraterísticas em acordes de sétima (7), em V_9 (9 ou 7) e em V_7^{13} (6 [13] ou 7). Estas duplicações são consideradas inofensivas devido ao caráter transitório das notas assinaladas com uma cruz.

Sol I I6 IV IV6 V6 V I
V V2 I6 I V V65 I
mi I V2 V65 I
I6 IV6 V6 I
V2 I6 V7 V137
Ré I I6 IV V I IV6 V6 I
I6 I IV6 V65 V V65 I I6
IV6 V6 I I6 IV V V1165 I
si I IV I6 V43 V IV
I6 V43 I IV I6 V7 I

Lá I_____ I₆___ V_____ V₂___ I₆___ I___ V₇_____

V_5^6_____ V_7___ I_____ IV_6___ V_6___ V V_2___ I_6_____

IV_____ I₆___ V_3^4___ I_____ IV_____ V_9___ I_____

fá♯ I_____ V_3^4___ I₆___ V₂___ I₆___ IV___ V_5^6___ I___

V_7_____ IV_6_____ IV___ V_3^4___ I₆___ IV_____ V_7^{13}___ I

Mi I I₆___IV₆___ V V₂___I₆ IV₆ V_5^6 V₇ I IV₆___I

V V₆___V_3^4___ I₀ I_____ I₆___ IV₆ V_5^6 V₇ I

dó♯ I V_3^4___ V_5^6___ I_____ V₂___ I₆___ V_5^6 I V_____

I V₂_____ V_3^4___ I₆___ IV IV₆_____ V_5^6___ I___

Si I V2 I6 V6 I IV6 I6 IV
I6 V6 I V4/3 I6 IV I6 I
sol# I6 V6/5 I IV6 I6 IV V4/3 I6
V7 I V6 V2 I6 V4/3 I I6
IV IV6 I6 V7 I V6/5 I IV
V6/5 I V V2 I6 IV I
Solb I IV V4/3 I6
IV I6 V6(6/5) I IV I
mib I V6 I V

Ao harmonizar melodias sem indicação de graus, deve-se dedicar especial atenção à perfeita elaboração do baixo. Aconselha-se escrever primeiro a parte completa deste, pensando, entretanto, sempre nos acordes que deverão ser realizados de acordo com a melodia dada.

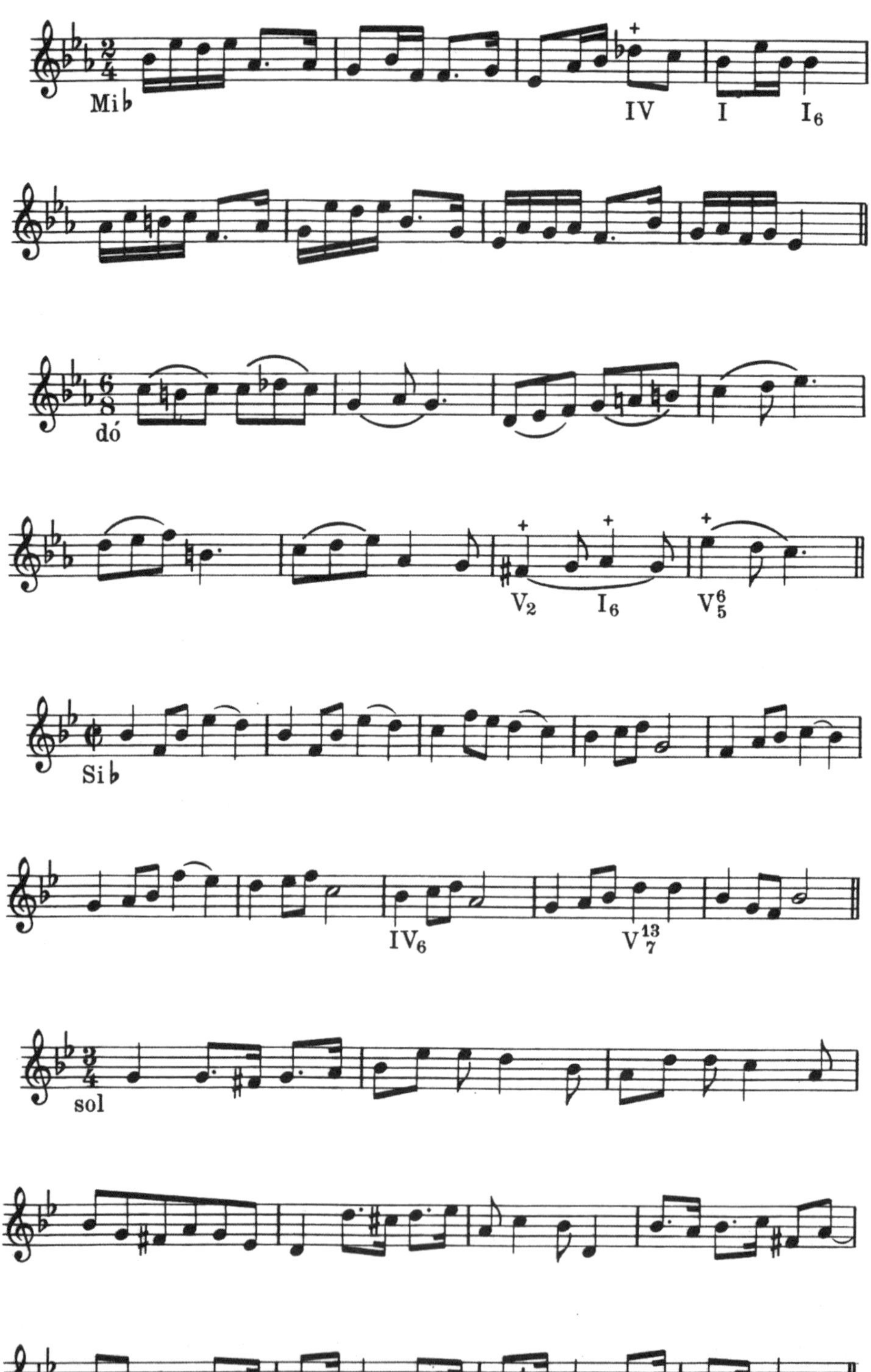
Mi♭
IV
I
I6
dó
V2
I6
V6 5
Si♭
IV6
V13 7
sol

Quando se empregam notas alheias ao acorde, às vezes produzem-se quintas consecutivas entre estas e as notas próprias do acorde. Tais quintas podem ser empregadas sem vacilar. Mas, em troca, as oitavas consecutivas que surgem deste modo devem ser estritamente evitadas. As quintas consecutivas entre duas notas estranhas de igual espécie (dois retardos, duas notas de passagem, etc.) são, entretanto, tão incômodas como as que aparecem entre notas próprias e por isso devem ser evitadas.

Assim é permitida esta progressão:

mas não esta:

CAPÍTULO VIII
ACORDE DE $^6_4$, ACORDE DE II $^6_5$

1. *Acorde de $^6_4$: a segunda inversão de um acorde.*

$$\text{Dó } I^6_4 \quad \text{ré } IV^6_4$$

A quinta acha-se no baixo.

Indicação do baixo numerado: $^6_4$
Duplicações: de preferência a quinta; com menos freqüência a oitava ou a terça.
Emprego mais freqüente de I $^6_4$:
   a) antes de um acorde de dominante numa cadência final. Neste caso o efeito é o de um V grau com duas apojaturas:

$$\text{Dó}$$

   b) como acorde de passagem ou dupla bordadura (neste caso tem a mesma função que as notas de passagem ou as bordaduras):

IV $^6_4$ e V $^6_4$ são comumente usadas como acordes formados por bordaduras, notas de passagem ou antecipações.

2. II $^6_5$: *acorde de subdominante com sexta acrescentada.*

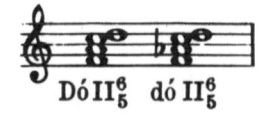

$$\text{Dó } II^6_5 \quad \text{dó } II^6_5$$

Particularmente útil em finais (antes de I $^6_4$, V ou V$_7$).

As notas que constituem a segunda (ou nona) caraterística do acorde, não podem ser omitidas, enquanto que a nota que estabelece o caráter maior ou menor do dito acorde é, às vezes, suprimida. Neste caso a duplicação é facultativa:

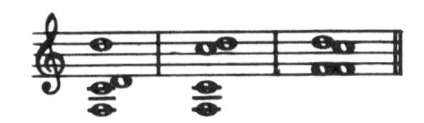

Este II_5^6 incompleto, da mesma forma que I_4^6, é empregado amiúde como acorde vizinho de um acorde de dominante seguinte. Neste caso, a nota que é tratada como apojatura (ou retardo) com resolução à terça do acorde de dominante, não se deve duplicar:

EXERCÍCIO 40

Escrevam-se os seguintes acordes em diferentes posições:

Fá I_4^6 Ré V_4^6 sol♯ IV_4^6 Lá♭ II_5^6

mi I_4^6 si IV_4^6 fá♯ V_4^6 mi♭ II_5^6

EXERCÍCIO 41

Toquem-se os encadeamentos seguintes:

Lá $I_4^6-V_7-I$.   mi $V-I_4^6-IV$.

Sol $I-IV_4^6-I$.   dó $IV-I_4^6-V-I$.

Mi♭ $IV-V_4^6-I$.   dó♯ $I_6-II_5^6-I_4^6-V_7-I$.

Fá♯ $II_5^6-V_7-I$.   mi♭ $I_6-V_4^6-I-II_5^6-I_4^6-V_7-I$.

Para facilitar este exercício, escrevam-se as notas do baixo, e que sejam usadas como um auxílio ao tocar.

EXERCÍCIO 42
(Baixos numerados)

As melodias que serão realizadas sobre os baixos numerados, não devem ser arrastadas penosamente de uma nota à outra. O estudante deverá tratar de idealizar uma linha melódica fluída. Escreva-se toda a melodia antes de elaborar as vozes intermediárias.

EXERCÍCIO 43

(Melodias com e sem indicação de graus)

IV6 II^6_5 — V^4_3 V6 $^6_5$ I — I6 — II^6_5 — I^6_4 V I
Ré I IV^6_4 I IV — V9 V2 — I6 I — V — II^6_5 V2 —
I6 — V^6_4 — I — IV — I^6_4 V9 — I
sol I — IV6 — I^6_4 — II^6_5 — I6 — IV — I —
V — V2 — I6 — II^6_5 — V — V^{13}_7 — IV6 — I^6_4 — IV — V^{13}_7 — I
Mi♭ I V^6_4 I6 IV I IV — I^6_4 V IV6 V^6_5 I I6
V6 V^4_3 — I I6 — IV — I^6_4 — IV6 —
I^6_4 — II^6_5 — V7 — I IV^6_4 — I
fá# I — V^6_4 — I6 — V2 —
I6 — II^6_5 — IV6 — V7 — I

lá II^6_5 V^{13}_7
I^6_4 II^6_5 $V^{11}_{6\,5}$ IV^6_4 I
Fá II^6_5 I V^6_4 I_6 V^6_4
IV^6_4 IV_6 I^6_4 IV I^6_4 IV_6 V^{13}_7
Lá I IV^6_4 I II^6_5 I^6_4 IV_6 IV V_2 I_6 V^4_3
V^{13}_7
mi♭ II^6_5
V I^6_4 V_7 IV^6_4 V_9
Si I^6_4 II^6_5 IV_6 I^6_4 II^6_5

CAPÍTULO IX
ACORDES SOBRE II, III, VI e VII

1.. *Maior:*
   II, III e VI são acordes menores.
   VII é um acorde diminuto (vide página 3).

   Menor:
   VI é um acorde maior.
   II e VII são acordes diminutos.
   III é um acorde aumentado (vide página 3).
   Os acordes maiores e menores e suas inversões devem ser tratados exatamente como os acordes sobre I, IV, V e suas inversões.

2. *Acorde diminuto:* são preferíveis as inversões (especialmente o acorde de sexta).
   Duplicações: em todas as formas o som mais indicado para ser duplicado é aquele que não forma parte da quinta diminuta (ou quarta aumentada).
   O tratamento mais satisfatório do acorde diminuto e suas inversões consiste na resolução da quinta diminuta (ou quarta aumentada).

3. *Acorde aumentado:* a nota sensível nele contida, não deve ser duplicada. Às vezes, soprano ou baixo, ou ambos ao mesmo tempo, incidem com tanta força sobre o conjunto das vozes que tais regras de precaução não podem ser observadas. Torna-se então de todo impossível evitar em tais encadeamentos certa deficiência na condução das vozes (por exemplo quintas e oitavas ocultas). De fato, também, noutros encadeamentos, ainda de menor envergadura, será, às vezes, imprescindível admitir deficiências na condução das vozes em favor de outros elementos (linha melódica, estrutura do baixo, progressão das notas fundamentais, etc.). Em tais casos, as quintas e oitavas ocultas não são, em geral, o pior caminho para sair da dificuldade. Não obstante, convém evitá-las sempre que possível nas vozes extremas.

EXERCÍCIO 44
(Indicação de graus e ritmo dados)

Mi $\frac{2}{2}$ | I III | IV II III | I IV$_6$ V$_6$ | III$_6$ VI | IV I$_4^6$ VI | V$_5^6$ I II$_6$ | I$_4^6$ V$_7$ | I ‖

Sol $\frac{6}{8}$ | I. II. | III. VI. | V$_5^6$. V$_7$ V$_7^{13}$ | VI. V$_6$. | IV$_6$. III$_4^6$. | VI$_6$ V$_4^6$ I$_6$ VII$_4^6$ I$_4^6$ | II$_5^6$. V$_7^{13}$. | I. ||

Si♭ $\frac{2}{4}$ | I$_6$ VI IV$_6$ VI | V$_6$ III$_6$ V III$_6$ | I$_6$ I IV$_4^6$ I | IV$_6$ V$_5^6$ |

I V$_6$ III$_4^6$ V$_6$ | VI III$_6$ I$_4^6$ III$_6$ | IV II VI$_4^6$ II$_6$ | I ||

sol♯ $\frac{3}{4}$ | I VII$_6$ I$_6$ VI | I$_4^6$ V$_7$ | I II$_5^6$ III VI | IV II | V V$_7^{13}$ | I. ||

fá ¢ | I I$_6$ I III$_6$ III V$_5^{11}$ VI$_6$ II V$_6$ | I VI | IV II$_6$ IV I$_6$ IV I$_6$ | VII$_6$ V V$_7^{13}$ | I o ||

mi $\frac{3}{8}$ | I. | III. | IV III$_6$ IV$_6$ | I$_4^6$. | I VII I | II$_6$. | IV I$_4^6$ V$_7$ | I. ||

EXERCÍCIO 45
(Baixos numerados)

* As marchas das vozes tais como: (espécie de quintas ocultas) são geralmente inevitáveis, quando se emprega o acorde aumentado. Em tais casos, deve tratar-se de que não surjam, pelo menos, nas duas vozes extremas.

Encadeamentos usados com freqüência:
1) VI em lugar de I, em finais dirigidos para I (cadência quebrada).
2) V como conclusão de um final, seguindo geralmente a IV_6 em menor (cadência frígia, semicadência).

EXERCÍCIO 46

(Melodias com indicação de graus)

A relativa riqueza do material harmônico que já temos à nossa disposição, permite-nos que quebremos os limites do estrito estilo vocal ao qual nos temos sujeitado até agora. Continuaremos escrevendo a quatro partes, porém sem observar estritamente as regras referentes ao registro das vozes, expostas anteriormente. Ao tocar exemplos no piano (sem tê-los anotado) não é necessário seguir estritamente as regras da disposição a 4 partes. Pode-se adotar um estilo mais pianístico, empregando formas mais amplas dos acordes (acordes com mais de uma duplicação, acordes de nona completos, etc.) ou harmonias reduzidas a três partes, somente.

A sensível pode ser duplicada com bom efeito:
- a) quando não é a terça de um acorde de dominante;
- b) quando é a terça de um acorde de dominante que é seguido por um acorde que não seja o de tônica (II, III, IV, VI). Neste caso, as duas sensíveis não devem mover-se na mesma direção;
- c) quando, mediante sua duplicação, pode-se obter uma melhor condução nas vozes (quase sempre por movimento contrário das vozes que contêm a sensível duplicada).

sol#
I — V VI — I6 II6 5 — V7 I —
V2 — I6 — V4 3 — I — IV II6 4 — V
I VI6 — IV — em oitavas
VI6 V7 VI I IV6 V7 em oitavas
V7 I
mi
I I6 VI — I6 — V6 4 — I6 V6 5 — V4 3 —
V6 5 I — V7 — VI IV IV6 I I6 —
II — IV6 4 — VII I6 4 — VI — I6 IV6 — V13 7 I

EXERCÍCIO 47
(Melodias sem indicação de graus)

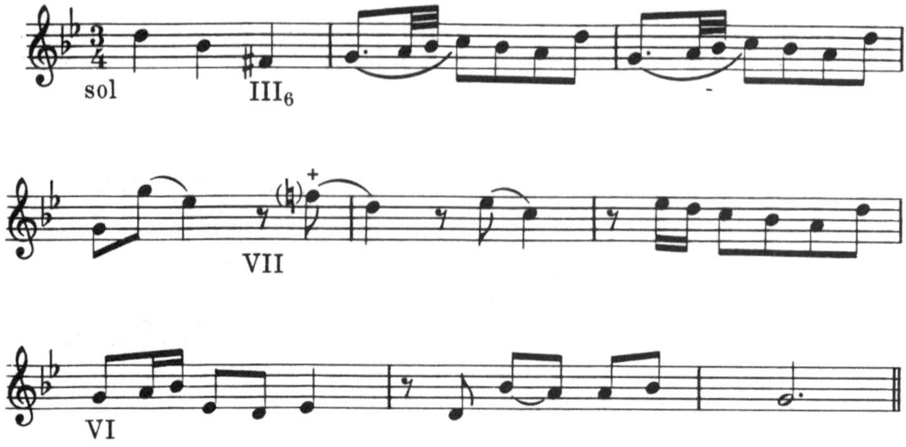
sol
III6
VII
VI

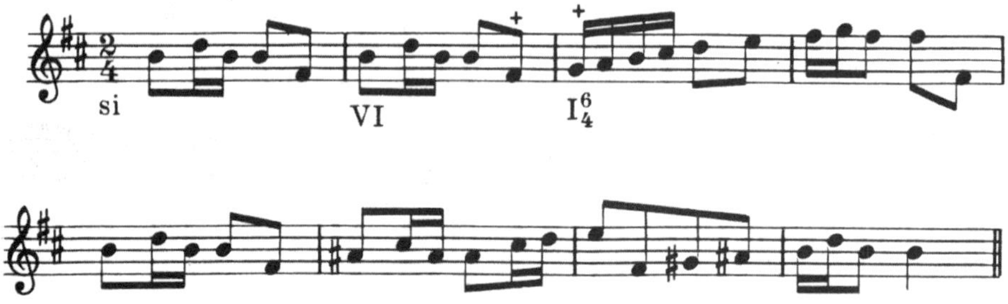
si
VI
I6 4

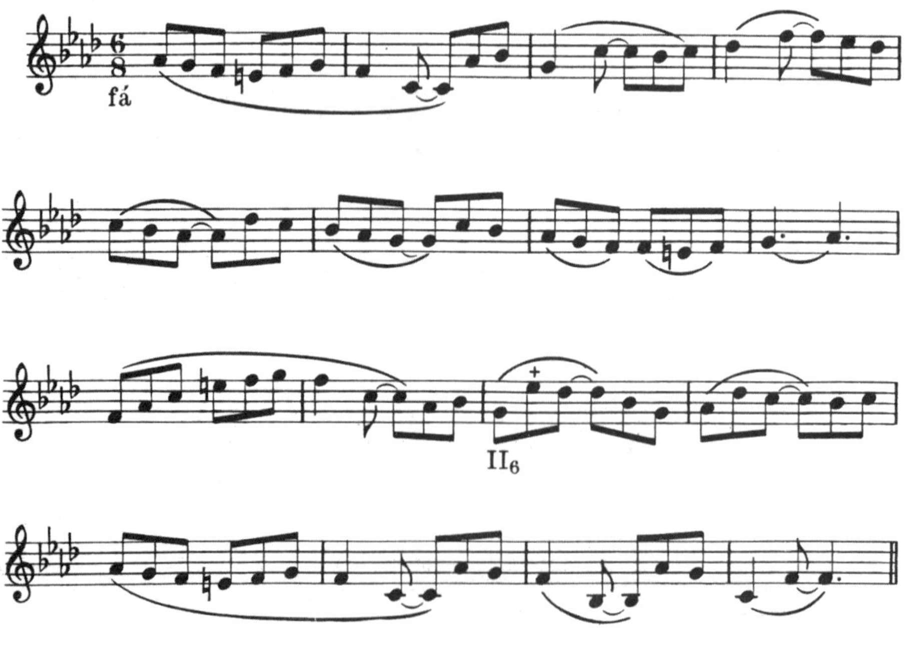
fá
II6

CAPÍTULO X
ACORDES DE SÉTIMA DE I, II, III, IV, VI e VII

1. Acordes de sétima secundários

   Em maior:

   I_7 II_7 III_7 IV_7 VI_7 VII_7

   Em menor:

   I_7 II_7 III_7 IV_7 VI_7 VII_7

   Estes acordes são usados em todas as inversões ($^6_5$, $^4_3$, 2) e posições.

   I_7 e III_7 são pouco usados no modo menor; o acorde de VII_7, pelo contrário, é bastante comum.

   Considerando certas notas como estranhas ao acorde perfeito ou ao acorde de sétima de dominante, pode-se freqüentemente prescindir de tratar os acordes de sétima secundários como acordes independentes.

   O efeito áspero de muitos acordes de sétima secundários pode ser suavizado por meio da preparação; a nota caraterística (a sétima) aparece na mesma voz como nota própria do acorde precedente.

   A melhor forma de tratar o VII_7 (no modo maior e no menor) e o II_7 (no menor) e todas as suas inversões consiste na resolução da quinta diminuta (ou quarta aumentada).

2. Os acordes de sétima secundários são usados geralmente em forma completa, ou seja, de quatro sons. Em casos especiais em que não se exige uma harmonia completa, pode-se obter, às vezes, uma condução melhor das vozes suprimindo uma nota:

   a) em acordes que não têm intervalos aumentados ou diminutos (maior: I_7, II_7, III_7, IV_7, VI_7; menor: IV_7, VI_7), assim como em VII_7, no modo menor, podem ser suprimidas tanto a terça como a quinta;

   b) em todos os outros (maior: VII_7; menor: I_7, II_7, III_7) pode ser suprimida qualquer nota que não forme parte do intervalo diminuto (ou aumentado) e que não seja a sétima do acorde.

   Quando uma das notas do acorde é suprimida, convém duplicar a fundamental e colocar a sétima na voz superior. A sensível não deverá ser duplicada, nem que seja (como em VII_7) a fundamental do acorde.

EXERCÍCIO 48

Toquem-se os seguintes encadeamentos:

Dó I_7-IV	Mi II_7-V	Si III_7-VI
sol♯ I_7-VI	si♭ II_7-I_6	fá♯ III_7-VI_6
Fá I_5^6-IV	Ré♭ II_5^6-I_6	Fá♯ III_5^6-II_6
lá I_5^6-VI_6	si II_5^6-VI_6	fá III_5^6-IV_7
Mi I_3^4-IV_7	Si♭ II_3^4-V_7	Dó♯ III_3^4-II_7
fá I_3^4-II_5^6	lá II_3^4-I_6	dó III_3^4-VI_6
Fá I_2-VII_6	Si II_2-III_7	Ré III_2-VI_7
ré I_2-$V_{\substack{6\\5}}^{11}$	fá♯ II_2-$V_{\substack{6\\5}}^{7}$	si♭ III_2-VI_6

No emprego de acordes de sétima secundários (assim como noutros acordes mais complicados, dos quais trataremos mais adiante) a proibição das quintas consecutivas não pode ser mantida estritamente. O efeito das quintas consecutivas deixa de ser incômodo porque a atenção do ouvinte é absorvida por um fator de maior evidência, o acorde de sétima secundário. Em conseqüência, estas quintas consecutivas podem ser empregadas sem hesitação nos encadeamentos que incluem acordes secundários de sétima, sempre que não possam ser evitadas ou que a única forma de evitá-las implique numa condução rude ou forçada das vozes. Isto se aplica aos encadeamentos de acordes simples (os acordes perfeitos e acordes de dominante já considerados) com outros de sétima secundários e vice-versa, como também aos encadeamentos de sétima secundários.

No entanto, devem ser evitadas as quintas consecutivas entre soprano e baixo. Nos encadeamentos compostos somente pelos acordes simples antes mencionados, as quintas consecutivas continuam sendo proibidas.

Sol IV_7-II	Lá VI_7-V_7	Mi♭ VII_7-I
dó IV_7-V_2	mi VI_7-IV	ré VII-I_7
Ré IV_5^6-V	Lá♭ VI_5^6-V_5^6	Si VII_5^6-VII_6
dó♯ IV_5^6-V_7	mi♭ VI_5^6-VII_7	sol VII_5^6-VI_6
Lá IV_3^4-VII_7	Dó VI_3^4-V_6	Sol♭ VII_3^4-I_6
mi IV_3^4-V_5^6	sol VI_3^4-II_7	si VII_3^4-VI_6
Sol IV_2-II_2	Mi♭ VI_2-V_7^{13}	Lá♭ VII_2-V_9
lá♭ IV_2-VII_5^6	dó♯ VI_2-II_7	mi♭ VII_2-I_4^6

EXERCÍCIO 49
(Baixos numerados)

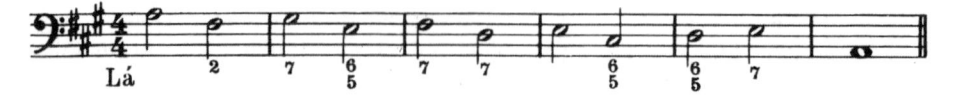

Lá — 2 — 7 — $\substack{6\\5}$ — 7 — 7 — $\substack{6\\5}$ — $\substack{6\\5}$ — 7

Pos. de quinta
Pos. de quinta
ré
Pos. de terça
Mi♭
fá♯
Si
Pos. de terça
mi

EXERCÍCIO 50
(Melodias com indicação de graus)

dó I — I_6 — II^6_5 V_9 VI_7 — IV_2 II_7 — II_2 VII_7 —
VI^6_5 — VI_2 II_6 — IV_2 II_7 — II_2 V^6_5 V_2 —
I_6 — IV_7 — I^6_4 — VI_7 — I^6_5 — I — II^6_5 — II_7 —
I — III_7 — VI^6_5 — VII^4_3 — I_6 — VII_7 — I
Lá I — VI_7 — I_2 — III_2 — IV^4_3 —
IV^6_5 — IV_7 — III_7 II_7 — I^6_5 —
II^6_5 — I^4_3 — VI_7 — VII_7 — II_7 — I
si I — VII_7 — I — VII^4_3 — I_6 — II_7 —
IV_7 — II^4_3 V — VI^6_5 — V^4_3 — I_6 — IV_6 — I^6_4 — II^6_5 —
I_6 — II_7 — IV — II^4_3 — I —

EXERCÍCIO 51
(Melodias com baixo numerado)

Em momentos oportunos podem, também, ser introduzidas notas estranhas ao acorde nas vozes intermediárias. Todavia será necessário tomar cuidado para não sobrecarregar a escritura.

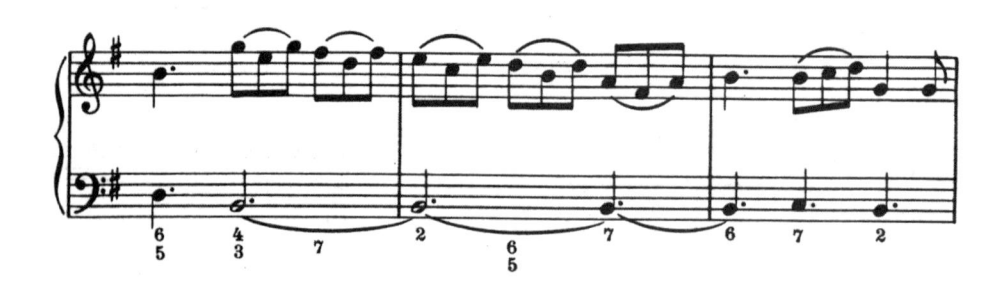

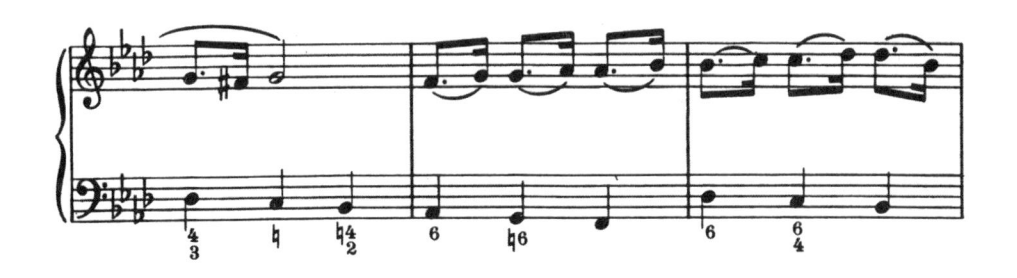

Na forma tradicional do baixo numerado (que é usada neste livro em forma simplificada) há sinais especiais para os sons alterados para cima e para baixo (por exemplo ̶6̶ , 4̶ , etc.) mas como estes sinais não foram usados regularmente por todos os compositores, foram substituídos aqui por ♯ , ♭ , ♮ , e ♭♭ , a fim de obter uma notação sem ambigüidades.

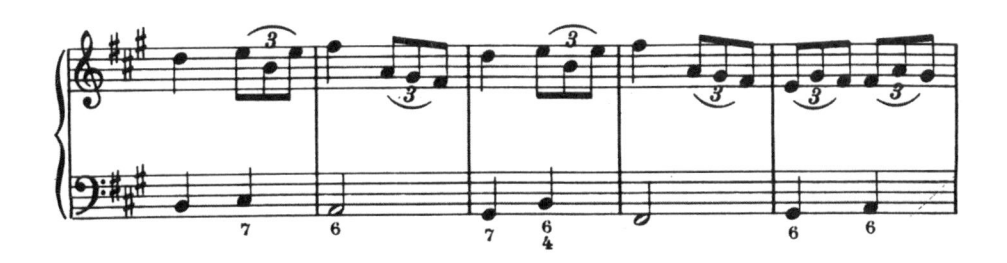

— 70 —

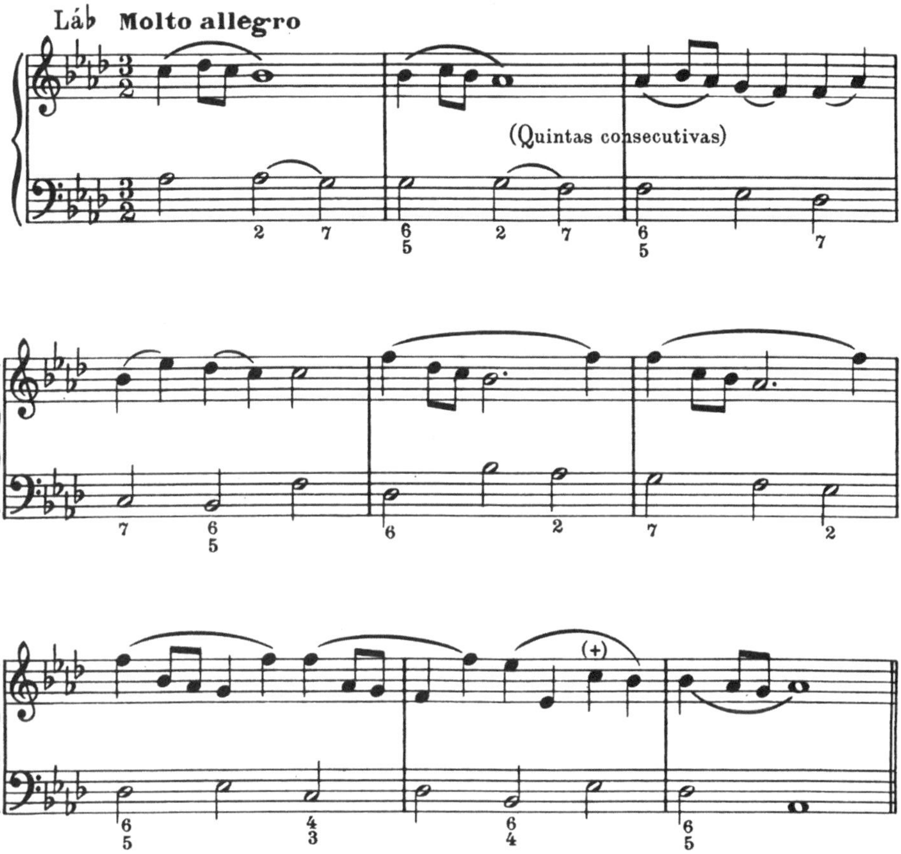
Láb Molto allegro
(Quintas consecutivas)

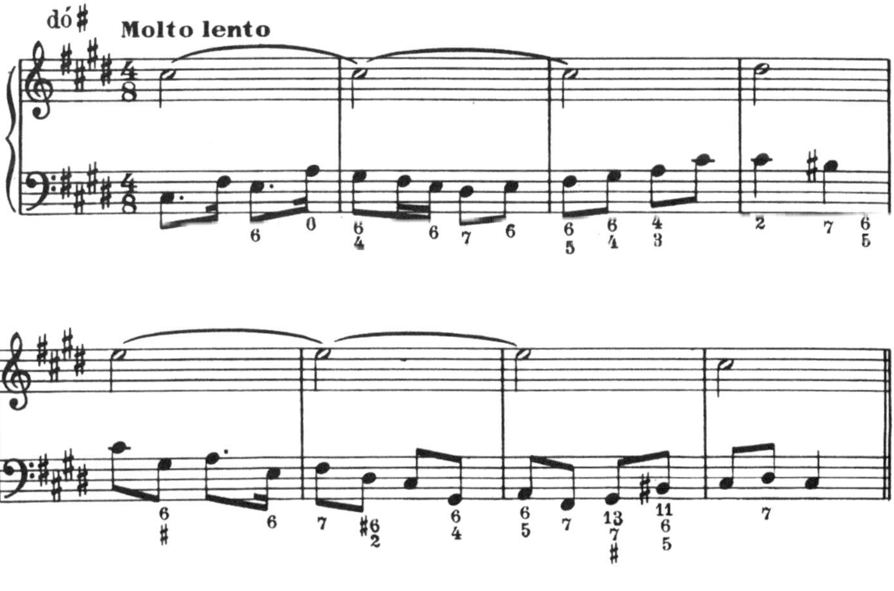
dó# Molto lento

EXERCÍCIO 52
(Melodias com baixos)

No baixo numerado, uma linha que se estende por baixo de duas ou mais notas indica que a harmonia do primeiro acorde (acorde perfeito ou outro acorde especificado pela numeração) será sustentada até o fim da linha (isto significa que o baixo contém nesta parte notas estranhas ao acorde ou forma um acorde quebrado). Compare-se este modo de empregar a linha com seu uso, em combinação com os algarismos romanos (indicação de graus) desde o exercício 20 em diante.

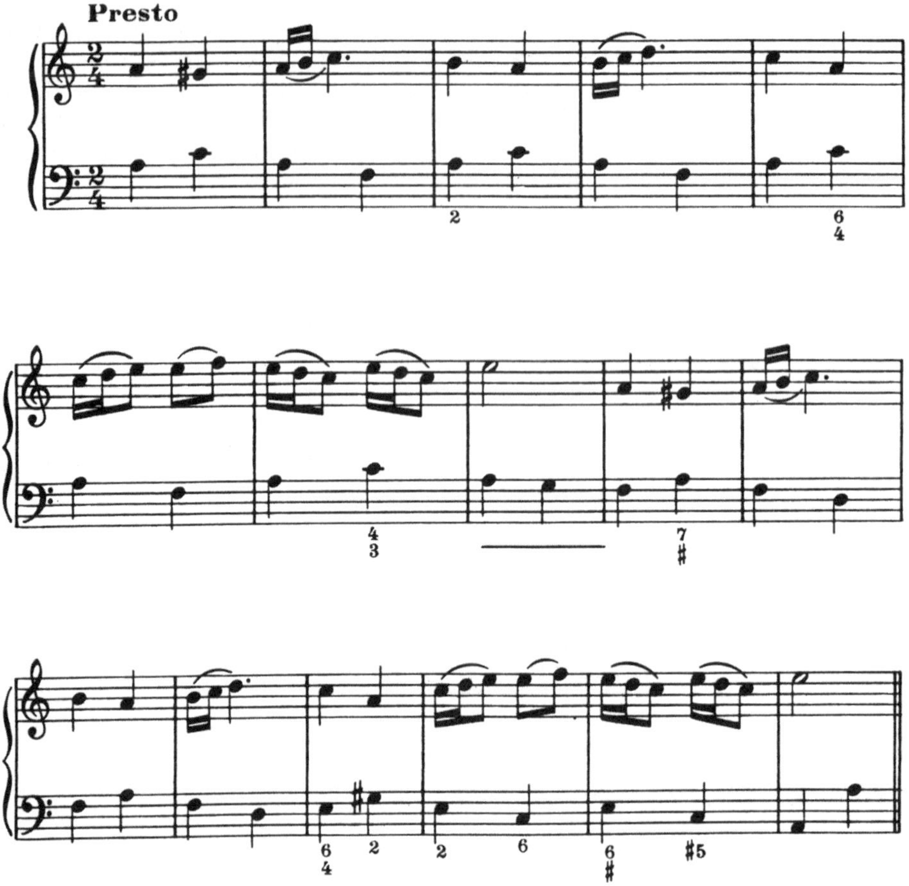
Presto

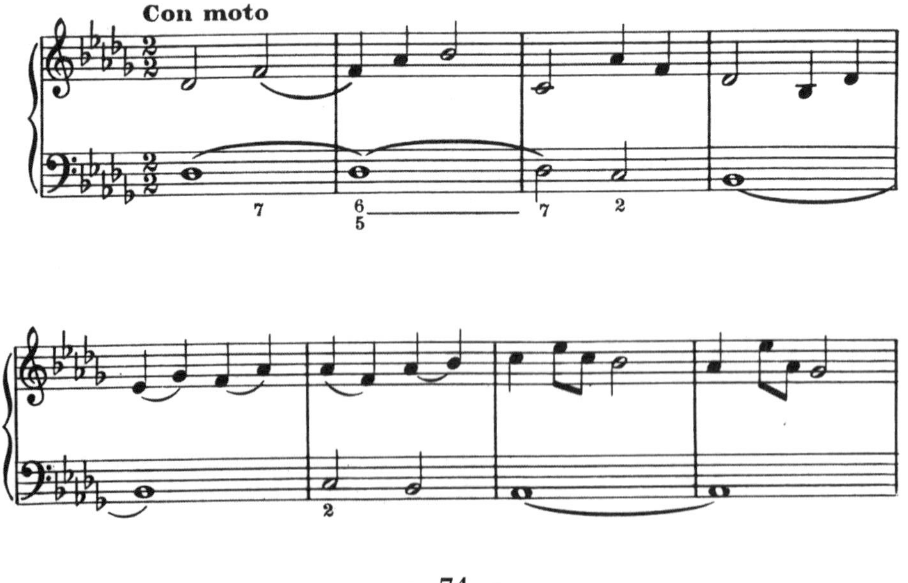
Con moto

— 75 —

CAPÍTULO XI
ALTERAÇÃO SIMPLES

1. A adoção de uma escala menor diferente da harmônica nos proporciona alguns acordes adicionais pertencentes à tonalidade.

   A escala menor melódica ascendente proporciona os seguintes acordes (até agora não empregados em tonalidade menor):

   lá menor (II) (IV) (VI)

   A escala menor melódica descendente (menor natural) dá:

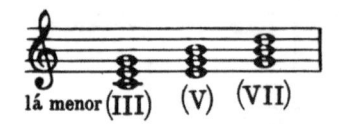

   lá menor (III) (V) (VII)

   Os seguintes acordes de sétima obtêm-se da escala menor melódica ascendente e descendente:

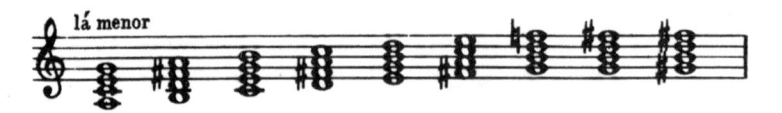

   lá menor

   Com respeito às quintas consecutivas, estes acordes de sétima secundários produzidos por alteração simples, são tratados de maneira exatamente igual aos acordes de sétima secundários originais, não alterados, considerados no Capítulo X.

2. Pela alteração cromática de algumas notas da escala (ascendente ou descendente por meio de acidentes) podem-se acrescentar outros acordes mais. Da grande quantidade assim obtida, os usados com maior freqüência são os seguintes:

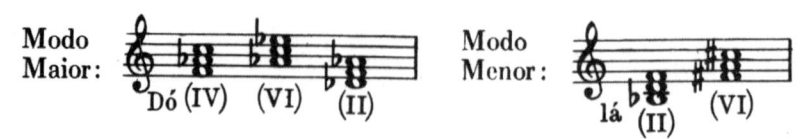

   Modo Maior: Dó (IV) (VI) (II)   Modo Menor: lá (II) (VI)

O acorde sobre VI alterado é comumente usado numa variante da cadência quebrada, mencionada na página 57: I—V_7 — VI Alt.

O acorde sobre II alterado é usado principalmente em sua primeira inversão ("sexta napolitana"). O encadeamento muito comum deste acorde com uma dominante (II nap.—V) carateriza-se por dois detalhes que são geralmente evitados noutros encadeamentos, mas que são recomendados aqui por serem necessários e de bom efeito:

    a) terça diminuta numa das vozes (da fundamental do acorde napolitano à sensível do acorde de dominante);

    b) falsa relação.

3. Os acordes de sétima mais freqüentemente usados, obtidos mediante a alteração simples, são:

Dó maior

Alguns dos acordes acima mencionados introduzem no modo maior elementos caraterísticos do modo menor (por exemplo, a subdominante menor), e vice-versa. Portanto é compreensível que até os acordes de tônica possam ser trocados, sempre que não se deseje dar uma sensação exata de maior ou menor (de preferência no decorrer do desenvolvimento harmônico, que no começo ou no fim; todavia um trecho em modo menor termina freqüentemente com um acorde de tônica em modo maior — que contém a chamada "terça de Picardia" —, sendo menos freqüente no caso inverso).

Os acordes alterados não podem ser indicados com algarismos romanos sem risco de confundirem-se com os acordes não alterados, originalmente indicados com estes números. Portanto, daqui em diante, os algarismos romanos serão reservados para os poucos casos, nos quais outras indicações seriam menos corretas (ver págs. 108 e seguintes) e se emprega quase que exclusivamente para as indicações mais exatas do baixo numerado. O estudante atento terá notado, entretanto, certa ambigüidade ainda nos baixos numerados. Geralmente os números são indicações abreviadas para acordes (6. $^6_4$, $^6_5$ etc.) mas, em certos casos, duas cifras consecutivas indicam a progressão de uma só voz (por exemplo, 8 7, que já apareceu no exercício 24 e noutros). Esta ambigüidade é devida ao fato de que nenhuma numeração pode reproduzir tudo o que sucede no desenvolvimento harmônico com exatidão igual à notação sobre pentagrama. Porém, com a experiência já adquirida pelo estudante, este não terá dúvida alguma com respeito ao significado dos números em cada caso.

EXERCÍCIO 53
(Melodias com baixo numerado)

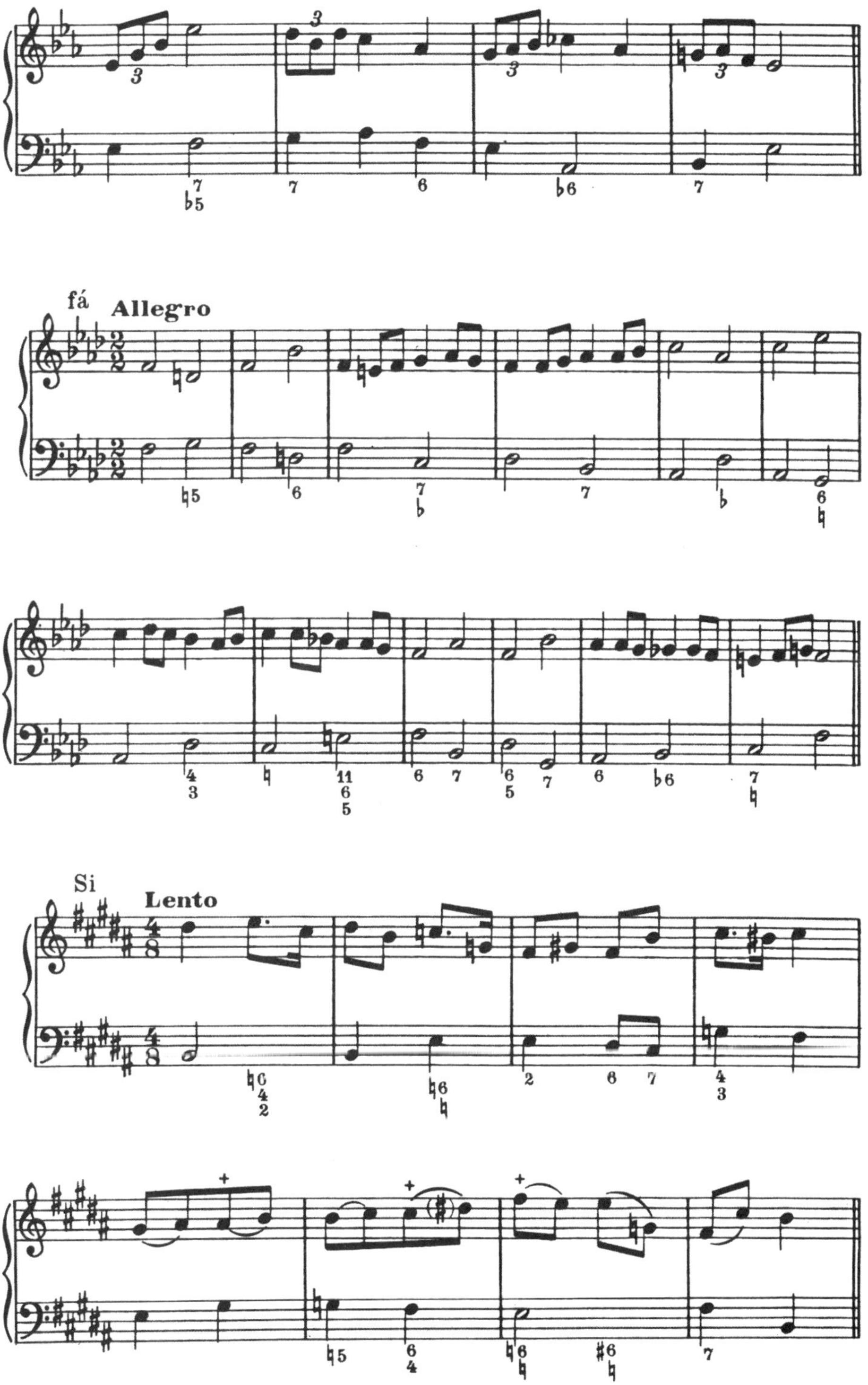
fá
Allegro
Si
Lento

— 80 —

EXERCÍCIO 54
(Melodias com baixo)

- 82 -

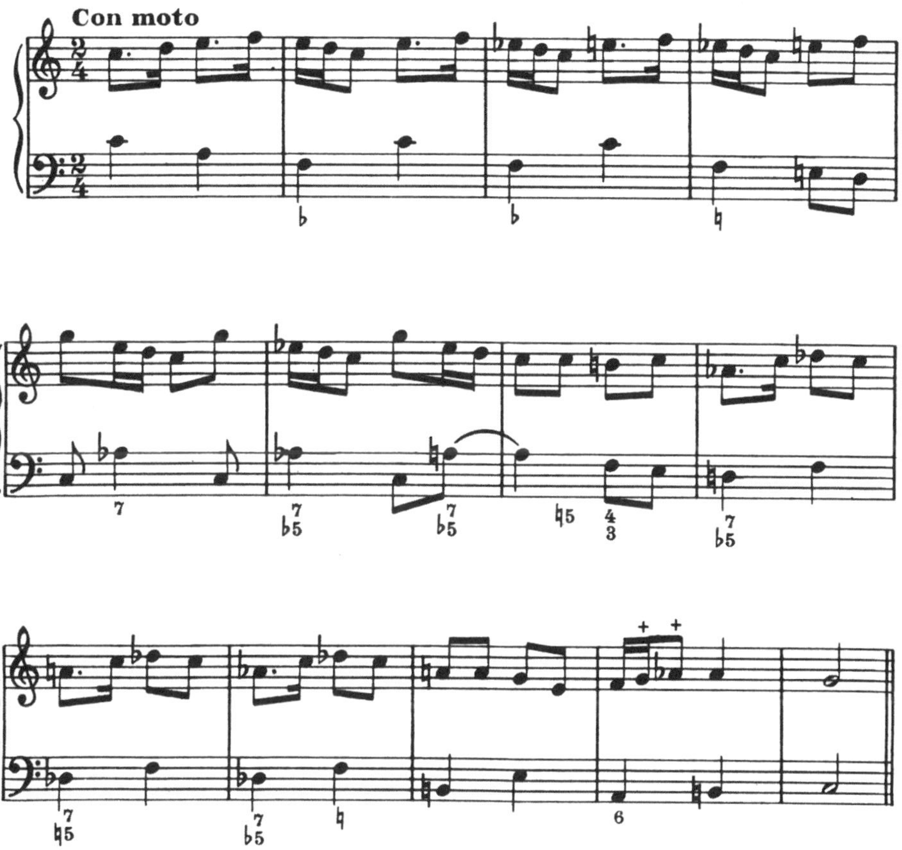
Con moto

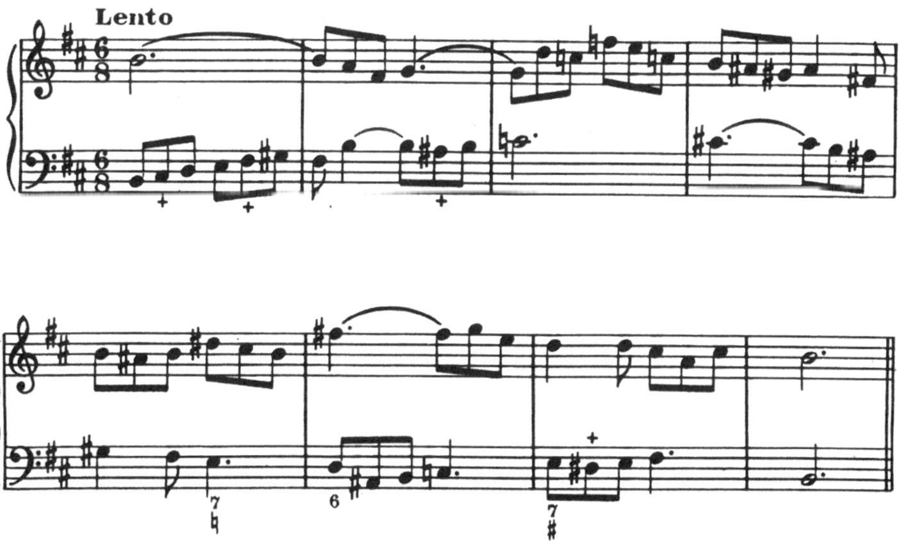
Lento

CAPÍTULO XII
DOMINANTES SECUNDÁRIAS

Qualquer acorde maior ou menor que não seja a tônica da tonalidade (II, III, IV, V, VI, em maior; IV, V, VI, em menor) assim como todo acorde maior ou menor obtido por alteração, pode ser realçado, fazendo com que seja precedido de um acorde perfeito (maior, com menos freqüência menor) ou um acorde de sétima (com preferência do tipo de sétima de dominante, isto é, que consiste num acorde maior com a sétima menor acrescentada), o qual tem, em relação a esse acorde, a função de dominante.

Estes acordes de dominante, auxiliares, contêm notas que não pertencem à escala original (ou, o que vem a dar na mesma, alterações das notas da escala).

O acorde de sétima de dominante da escala original também pode ser precedido por sua dominante auxiliar.

EXERCÍCIO 55

Toquem-se os seguintes encadeamentos:

V—I, V_7—I, IV—I, VI—I, III—I alterado VI—I, II—I, nap. II_6—I em diversas tonalidades maiores e menores e em diferentes posições, sendo o primeiro acorde de cada encadeamento precedido por sua dominante auxiliar.

Exemplo: fá ♯: nap. II_6—I):

O efeito de uma dominante auxiliar pode-se obter não apenas por meio de um acorde com função de dominante em relação ao que o segue, como também por meio de um acorde construído sobre uma nota que é usada como nota sensível à fundamental do acorde seguinte, criando, assim, um VII, VII_6, VII_4^6, ou VII_7 artificial (alterado ou não, em estado fundamental ou em qualquer inversão).

EXERCÍCIO 56
(Melodias com baixo numerado)

EXERCÍCIO 57
(Melodias com baixo)

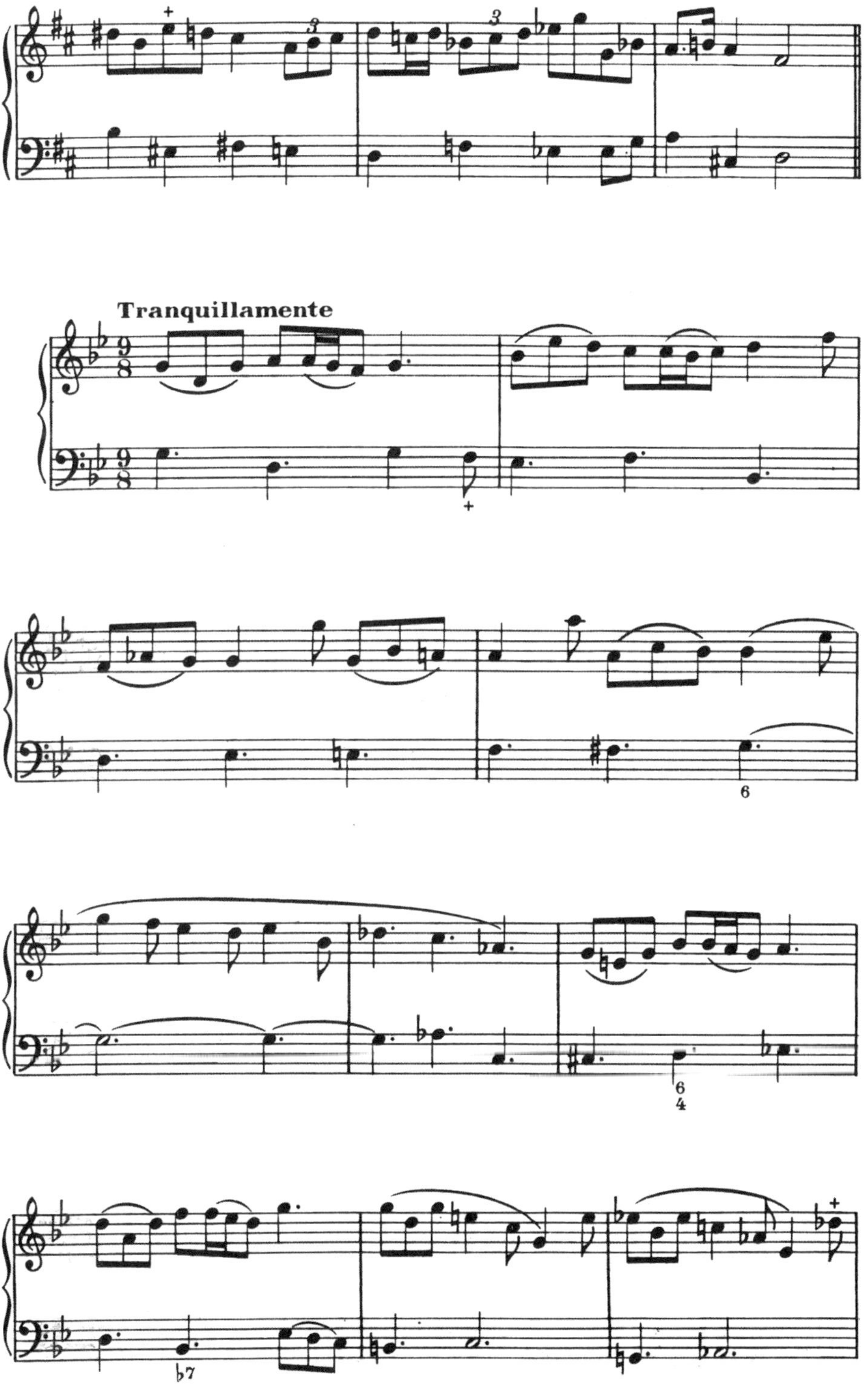
Tranquillamente

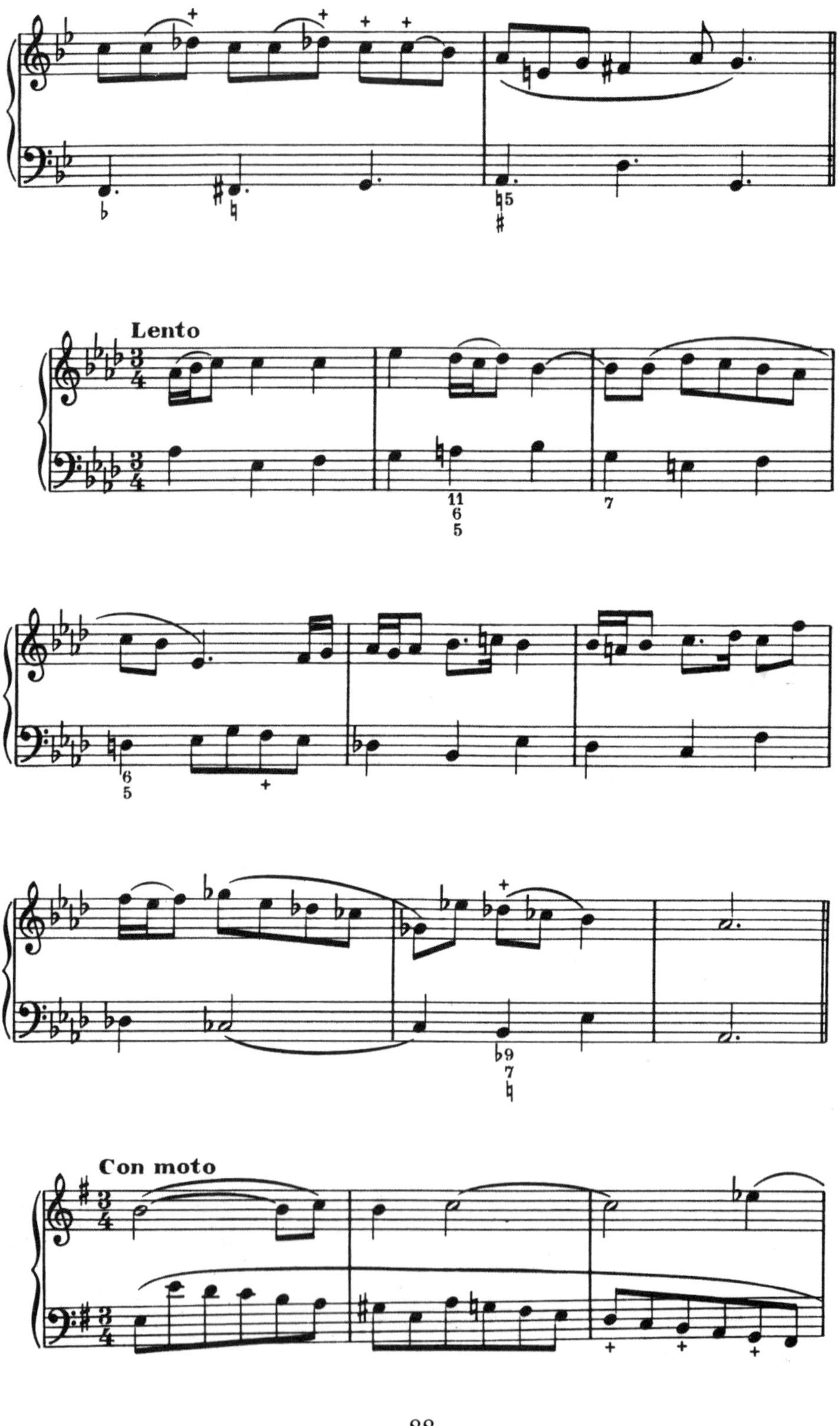
Lento
Con moto

— 89 —

CAPÍTULO XIII
OUTROS TIPOS DE ALTERAÇÃO

O acorde de sétima de dominante e suas inversões são freqüentemente empregados em forma alterada. As alterações realizam-se por meio da:
  a) enarmonia de sétima;
  b) enarmonia de quinta;
  c) emprego de uma nota situada a um semitom superior ou inferior da quinta, em lugar da mesma.

Os acordes N.ᵒˢ 6, 7 e 8 não são empregados como acordes regulares devido aos intervalos duplamente aumentados ou diminutos que contêm.

2. As relações tonais mais próximas destes acordes de dominante alterados podem ser encontrados nos acordes fundamentais maior ou menor (ou acorde de sexta) imediatamente seguintes, os quais devem ser escritos em sua forma regular — isto é, sem intervalo aumentado ou diminuto — e obtidos sem encadeamento cromático ou enarmônico por meio de uma das seguintes resoluções:

a) Resolva-se a quinta diminuta numa terça maior ou menor (ou a quarta aumentada numa sexta maior ou menor), tal qual foi descrito na página 19. Considere-se a nota alcançada por movimento de semitom ascendente como fundamental do acorde de resolução e complete-se o mesmo com as duas vozes restantes (mais de uma possibilidade nos N.ᵒˢ 5 e 12).

b) Resolva-se como em "a" mas substitua-se a fundamental desta resolução por outra situada uma terça maior ou menor mais abaixo (tal como numa "cadência quebrada", ver págs. 57 e 77), considerando uma das notas restantes do acorde de dominante como nota sensível (N.ᵒˢ 3, 5, 11, 12) ou como subdominante (N.º 2).

Deste modo obtemos as seguintes resoluções:

Deixando de lado as indicações anteriores, se dão numerosas outras resoluções. Mas, neste caso, estas resoluções deverão consistir em mais de dois acordes para que fique totalmente esclarecido seu significado tonal.

Nos encadeamentos que contêm acordes introduzidos numa tonalidade dada por meio desta alteração (seja contendo tais acordes isoladamente, ou em conexão com outros), o ouvido é bastante insensível no que diz respeito às quintas consecutivas. Também, em tais casos, a atenção do ouvinte é absorvida por um detalhe mais evidente: a complexa relação tonal.

3. As inversões destes acordes podem ser usadas amiúde em forma mais simples e mais legível, pela introdução de progressões cromáticas. Mas, também, podem ser usadas em suas formas originais, e, algumas delas, por exemplo:

são atualmente usadas.

4. Depois do acorde 2 ($^6_5$ aumentado ou "Sexta Alemã") e do 5 ($^6_4_3$ aumentado ou "Sexta Francesa") o N.º 9 é o que se emprega com maior freqüência. Aparece quase que invariavelmente com a quinta aumentada na voz superior:

Duas das suas inversões são usadas na mesma forma:

Freqüentemente são usados os seguintes acordes a três vozes, obtidos por omissão de uma das vozes dos N.ᵒˢ 2, 5, 9:

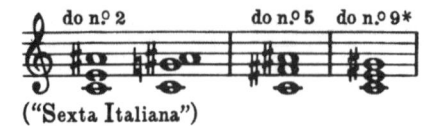

("Sexta Italiana")

* Este acorde aumentado é um acorde de dominante, enquanto que o acorde aumentado original (sem alteração) mencionado no Capítulo IX, é um acorde de III menor.

Todos estes acordes têm a mesma resolução tonal que o acorde original do qual derivam.

5. Da mesma forma que o acorde de sétima de dominante, o acorde de sétima diminuta (VII_7 menor) tem também formas alteradas. A enarmonia de suas notas permite a resolução direta sobre quatro acordes diferentes maiores ou menores e suas inversões:

Uma das notas do acorde (em cada caso uma especialmente) é empregada como nota sensível à fundamental do acorde seguinte. A terça superior desta nota sensível pode ser substituída por uma quarta diminuta. O resultado é um acorde igual a $V\,{}^{11}_{\,6}_{\,5}$. A nota nova deverá estar sempre na voz superior.

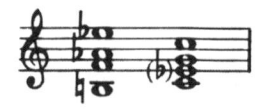

Apesar da grande liberdade na condução das vozes tornada possível por estes acordes de sétima com caráter de dominante, dever-se-á ter sempre cuidado (nas formas em que se tiver omitido uma nota, ou em acordes de mais de quatro vozes) em evitar a duplicação da nota que atua como sensível.

6. Todos os acordes que contêm quintas diminutas ou quartas aumentadas, são especialmente suscetíveis de serem alterados. Estes acordes apresentam demasiadas possibilidades para que possam ser enquadrados dentro de um sistema facilmente compreensível. Por isso é preciso contentar-se em construir estes acordes, de acordo com as necessidades, empregando-os de acordo com sua estrutura, mesmo quando alguns deles, devido ao seu uso freqüente, tiverem encontrado um lugar definido dentro da classificação tonal, como no seguinte acorde:

Já houve oportunidade de se notar que o enriquecimento harmônico que a alteração traz ao setor das relações tonais, introduz também o perigo de uma abundância desagradável, de excesso, e de dissolução caótica. De fato, cada nota de uma escala pode ser alterada, e isto dá origem a uma quantidade infinita de relações tonais, com suas subseqüentes ramificações. Isto não quer dizer que tenham sido criadas novas combinações sonoras, mas simplesmente que as já conhecidas aparecem em notação sempre diferente. Mas, felizmente, existe a possibilidade de substituir a notação cromática pela técnica do uso da nota sensível, e isto reduz o grande número de complicados acordes alterados às proporções mais simplificadas da série das alterações mais usuais e simples que conhecemos.

EXERCÍCIO 58

(Melodias com baixo numerado)

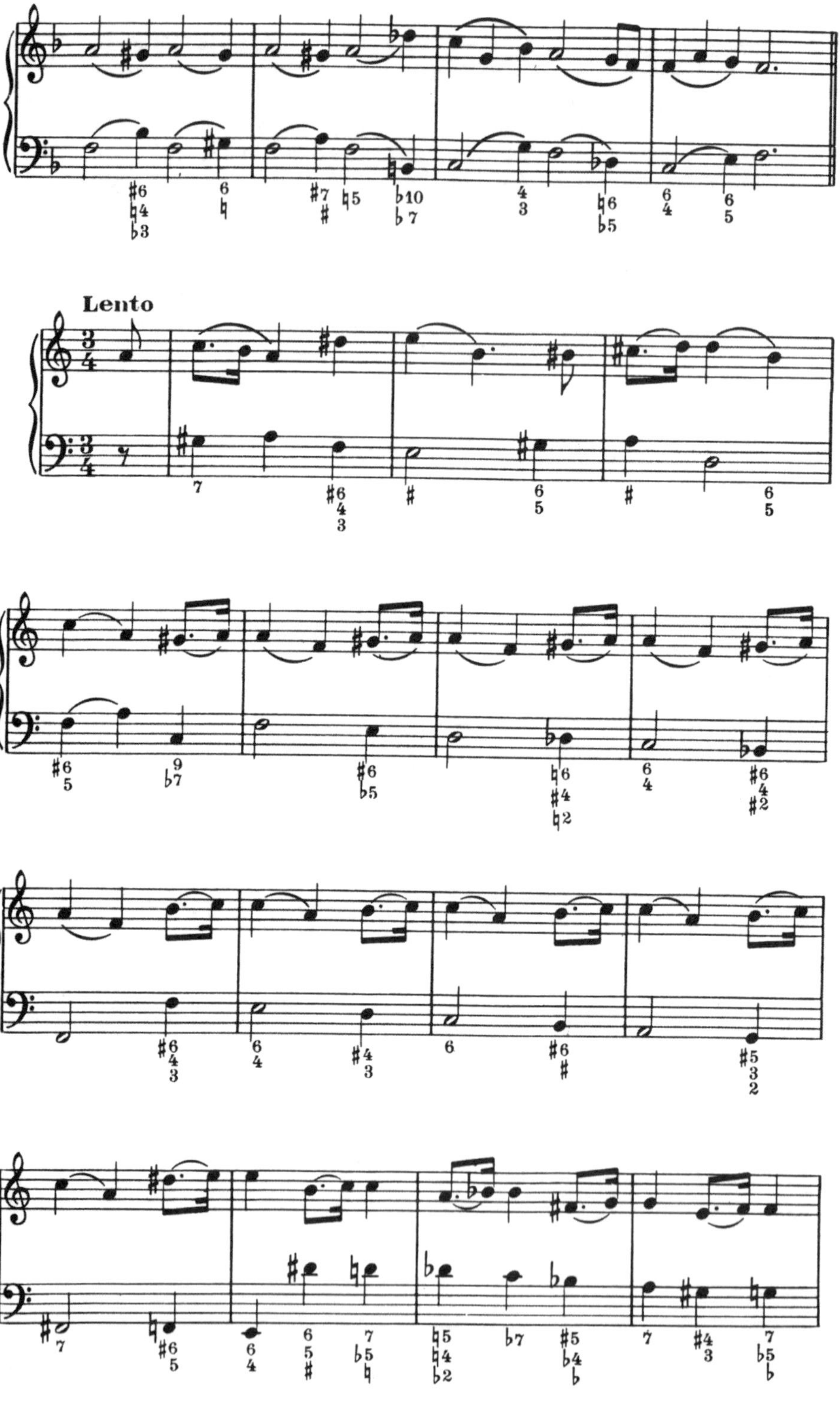
Lento

— 95 —

Em exercícios desta categoria é fácil verificar as limitações do baixo numerado. Torna-se incômodo quando inclui números (ou acidentes) que representam três notas de um acorde; e quando contém números ou acidentes que representam quatro notas, perde completamente seu sentido. Porque, nesse caso, a finalidade precípua dos números, que era a de proporcionar uma espécie de substituto taquigráfico da notação sobre pentagrama, se vê frustrada ao produzir-se uma complicação maior que a notação sobre pentagrama mesmo, transformando-se, assim, a numeração, numa carga inútil.

EXERCÍCIO 59
(Melodias com baixo)

Allegro molto

— 98 —

— 99 —

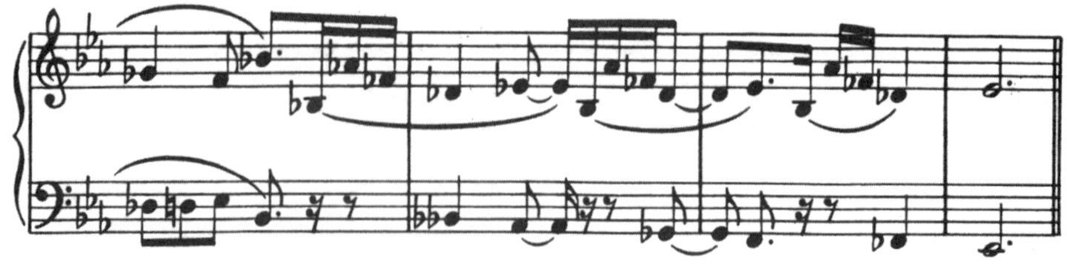

Moderato

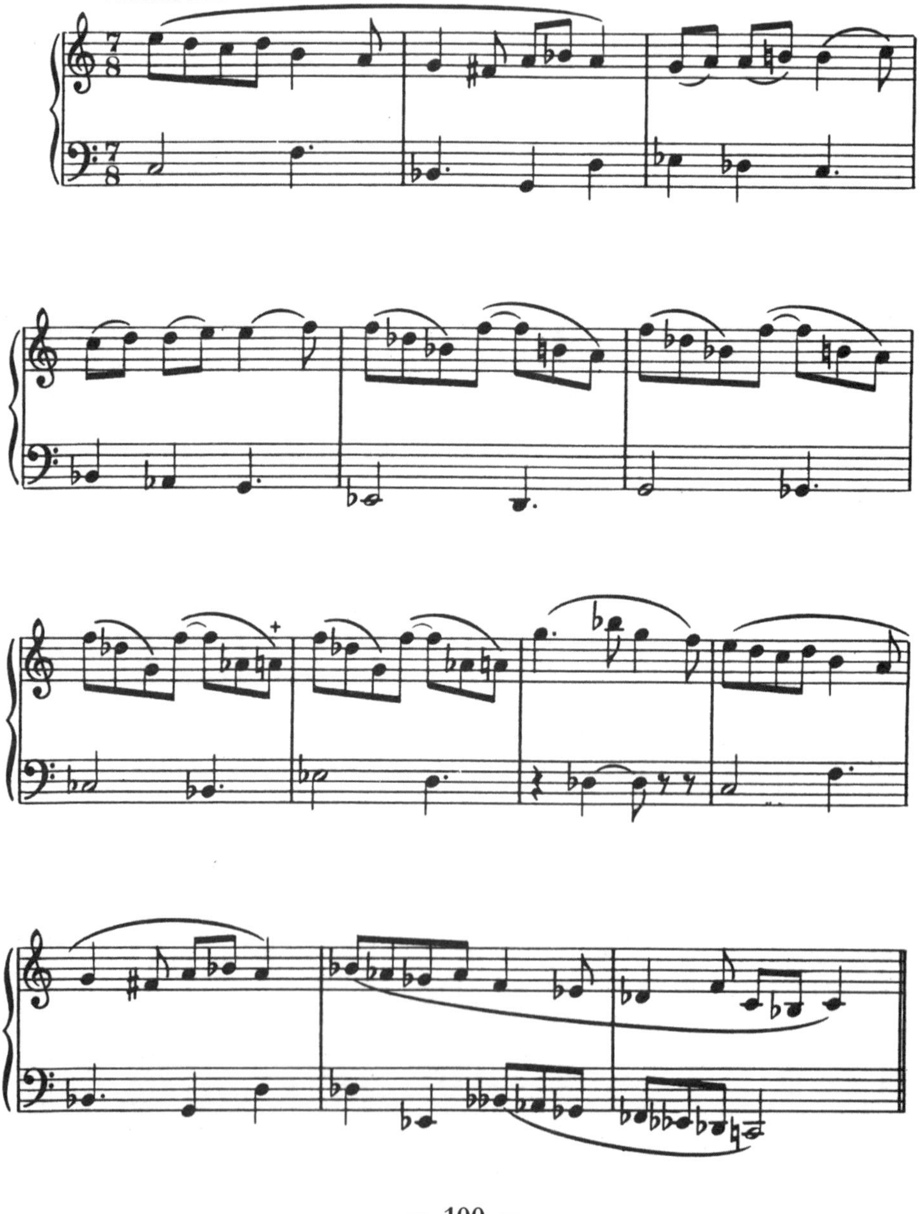

CAPÍTULO XIV
MODULAÇÃO — I

1. A modulação é o deslocamento de uma tonalidade para outra. Uma modulação é clara e está livre de ambigüidades quando cada uma das tonalidades é expressada pura e livre de dúvida. A nova tonalidade não deverá ser abordada antes que a inicial esteja inteiramente estabelecida.

   O modo mais simples para estabelecer firmemente uma tonalidade é a cadência. A cadência em sua forma mais breve consiste em três acordes de uma tonalidade, sendo o último sempre o de tônica.

2. As cadências mais decisivas e, por conseguinte, mais comuns, são aquelas em que o acorde da dominante precede ao da tônica. O acorde anterior ao da dominante pode ser construído sobre qualquer grau da escala.

EXERCÍCIO 60
(Baixos numerados)

Toquem-se as seguintes cadências:

3. As cadências nas quais a subdominante precede à tônica (cadências plagais) são menos decisivas e, portanto, não devem ser usadas quando se requer o efeito cadencial mais forte.

EXERCÍCIO 61

Toquem-se as seguintes cadências:

Uma cadência será tanto menos decisiva quanto mais longínqua for a relação do penúltimo acorde com a tônica.

EXERCÍCIO 62

Toquem-se as seguintes cadências:

4. A semicadência (cadência frígia) já mencionada (pág. 57) é uma cadência cuja meta não é a tônica e sim a dominante. No modo menor, esta dominante é geralmente precedida pelo acorde de sexta de subdominante e, no maior, pelo acorde de sexta de subdominante alterado. Posto que o significado tonal desta cadência seja claro somente à luz de uma cadência prévia ou subseqüente que leva à tônica, a semicadência não se presta para a definição inequívoca de uma tonalidade. É mais indicada como cadência de passagem no decorrer de u'a marcha harmônica ou como cadência final quando se deseja manter a conclusão aberta e indefinida.

EXERCÍCIO 63

Toquem-se as seguintes semicadências:

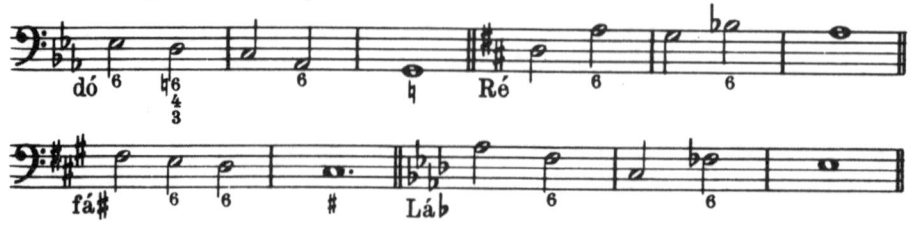

Por meio do acréscimo de outros acordes mais e da ornamentação melódica, as cadências poderão ser ampliadas até constituirem estruturas tonais maiores. Todos os exercícios desenvolvidos nos doze capítulos precedentes, são exemplos deste procedimento.

5. A tonalidade nova numa modulação (tonalidade de destino) é estabelecida da mesma forma que a tonalidade original (tonalidade de origem).

   Entre a tonalidade de origem e a de destino, acha-se uma zona que poderá pertencer tanto a uma como a outra. Esta zona pode consistir num só acorde comum a ambas, ou num grupo de acordes com significado tonal comum.

   As modulações mais simples empregam como eixo o acorde cadencial de tônica da tonalidade de origem: este acorde é interpretado como acorde comum em ambas as tonalidades.

EXERCÍCIO 64

Toquem-se as seguintes modulações. Completem-se os três compassos iniciais a quatro vozes e os unam após, sucessivamente, a cada uma das continuações dadas.

Outras modulações costumam empregar como eixo o acorde de dominante ou de subdominante da tonalidade de origem.

EXERCÍCIO 65

Toquem-se os seguintes exercícios como o anterio

O acorde comum pode aparecer como:
a) *dominante secundária* da dominante ou subdominante da nova tonalidade;
b) *dominante secundária* de II, III, ou VI da nova tonalidade;
c) acorde simplesmente alterado da nova tonalidade.

EXERCÍCIO 66

Toquem-se os seguintes exercícios como os anteriores.

Qualquer outro acorde da tonalidade de origem, poderá servir como eixo da modulação se se lhe atribuir na tonalidade de destino quaisquer das funções acima mencionadas.

EXERCÍCIO 67

Toquem-se os seguintes exercícios como os anteriores.

6. Em muitas modulações não se pensa em criar uma zona intermediária bem definida; primeiro se estabelece claramente a tonalidade de origem e depois a tonalidade de destino é abordada diretamente como contraste harmônico. É óbvio que tal procedimento poderia causar uma ruptura dentro do discurso musical, a qual conspiraria contra a fluidez da marcha harmônica, se não for usada com prudência, como recurso especial para dar impulso ao desenvolvimento harmônico.
Todavia, cuidando que não haja um contraste estrutural demasiadamente grande entre o último acorde da tonalidade de origem e o primeiro da nova tonalidade (como acontece, por exemplo, sendo aquele um acorde aumentado e este um acorde de sétima secundário; ou, então, aquele um acorde sem terça e este um acorde de dominante com a sexta substituindo a quinta; ou, ainda, aquele um acorde em posição muito espaçada e este um acorde na posição a mais fechada possível, etc.) haverá sempre uma relação notada entre eles por pequena que seja. De fato, este tipo de modulação de surpresa não difere essencialmente dos encadeamentos já descritos. À medida que nos afastamos das normas tendentes a uma modulação fluente e estreitamente entrelaçada, a impressão de desunião e de brusca interrupção que irão causar estas modulações do tipo de "terraço", produzirão um efeito cada vez mais incisivo, perturbador e até desconcertante, o qual chegará a dificultar a compreensão de uma peça, mesmo nos casos em que a estrutura harmônica da mesma exija esse efeito. O ouvinte, somente com dificuldade captará o salto repentino de uma região harmônica para a outra, e se for submetido repetidas vezes e a intervalos por demais breves, a este choque, afastar-se-á, com espanto, dàs realizações desses desenfreados sons, para procurar sua salvação num estilo musical mais suave, que lhe evite tais sobressaltos desagradáveis.

EXERCÍCIO 68

Toquem-se os exercícios seguintes como os anteriores.

— 109 —

CAPÍTULO XV
MODULAÇÃO — II

1. As modulações que levam com muita rapidez a tonalidades distantes e inesperadas (modulações que por conseguinte não podem ser empregadas em qualquer parte) são conseguidas ao se fazer do último acorde da tonalidade de origem um acorde com alteração ampliada (ver pág. 90) na tonalidade de destino.

EXERCÍCIO 69

Toquem-se os exercícios seguintes como os anteriores.

1. Ré VI$_4^6$

2. Mi V$_4^6$

3.

4. Fá#II(Alt.)$_5^6$

5.

— 111 —

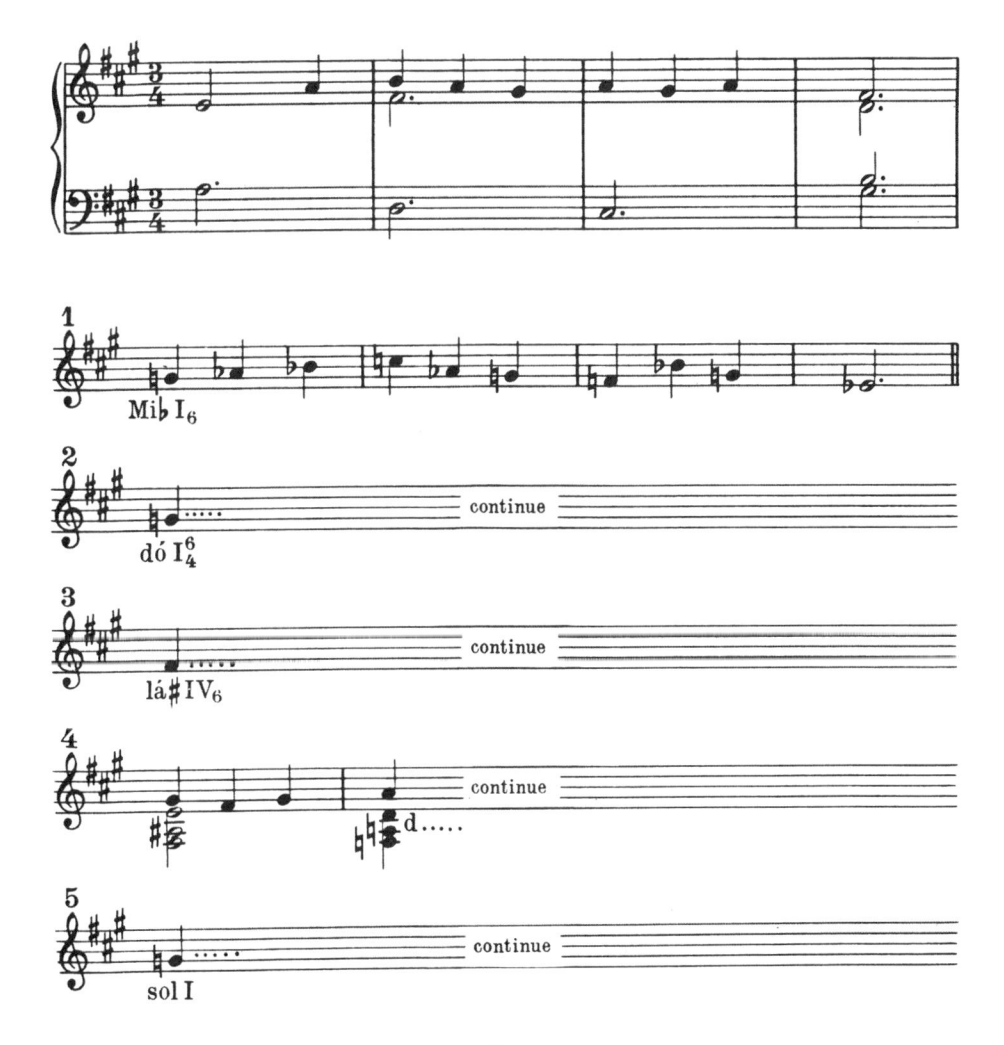

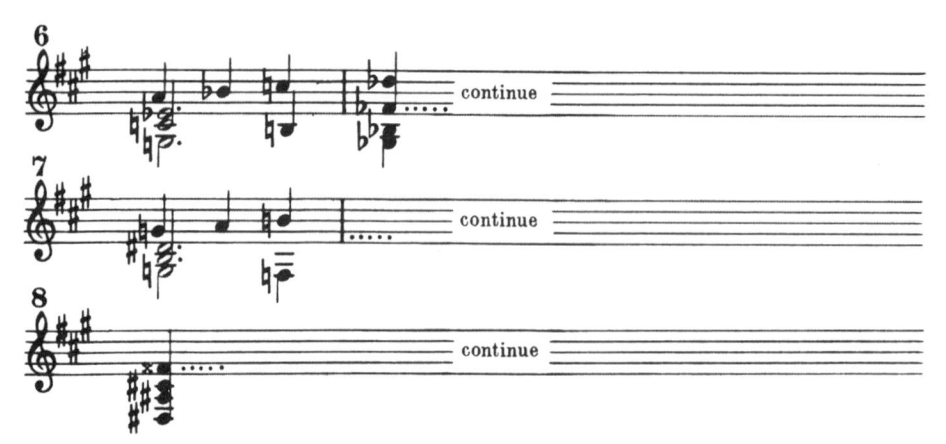

2. Não é necessário atingir diretamente a tonalidade de destino. Pode-se passar por outras tonalidades no transcurso da modulação. Cada uma destas tonalidades intermediárias, poderá ser alcançada em quaisquer das numerosas formas já descritas, mas procurando sempre que os grupos harmônicos sejam claramente definidos, do contrário parecerão como se pertencessem a uma das tonalidades vizinhas.
No exercício seguinte foi aplicada esta técnica.

EXERCÍCIO 70

As seguintes melodias modulantes devem ser elaboradas. Já não é imprescindível restringir-se à escrita a quatro vozes. Algumas partes podem ser escritas a três, outras a mais de quatro. Sobre isto deve-se notar que na escrita a três vozes torna-se freqüentemente difícil expor com clareza o significado dos encadeamentos harmônicos, quando estiverem sobrecarregados de numerosas alterações. A escrita a cinco ou mais vozes reais presta-se, de preferência, ao movimento tranqüilo de uma obra de estilo vocal, isto é, pouco convém ao nosso estilo instrumental mais movimentado, no qual o movimento demasiado independente de numerosas vozes individuais, que no seu caminhar autônomo, destruir-se-iam sempre, tornaria difícil obter-se um resultado satisfatório. Além de escrever a três, quatro, cinco ou mais vozes, o estudante deverá praticar o estilo misto próprio dos instrumentos de teclado, combinando acordes de muitos sons com passagens de escritura menos sobrecarregadas.

láV$^{6}_{5}$
FáV
Si♭V
Mi♭V$_{7}$
Si♭I$^{6}_{4}$
Con moto
dó#
sol#II Nap.
Fá#V
dó#II Nap.
(Dó#)
lá#I
Fá# I
Si I
Sol I
dó#I
Fá#V
Mi V
sol#VII

— 114 —

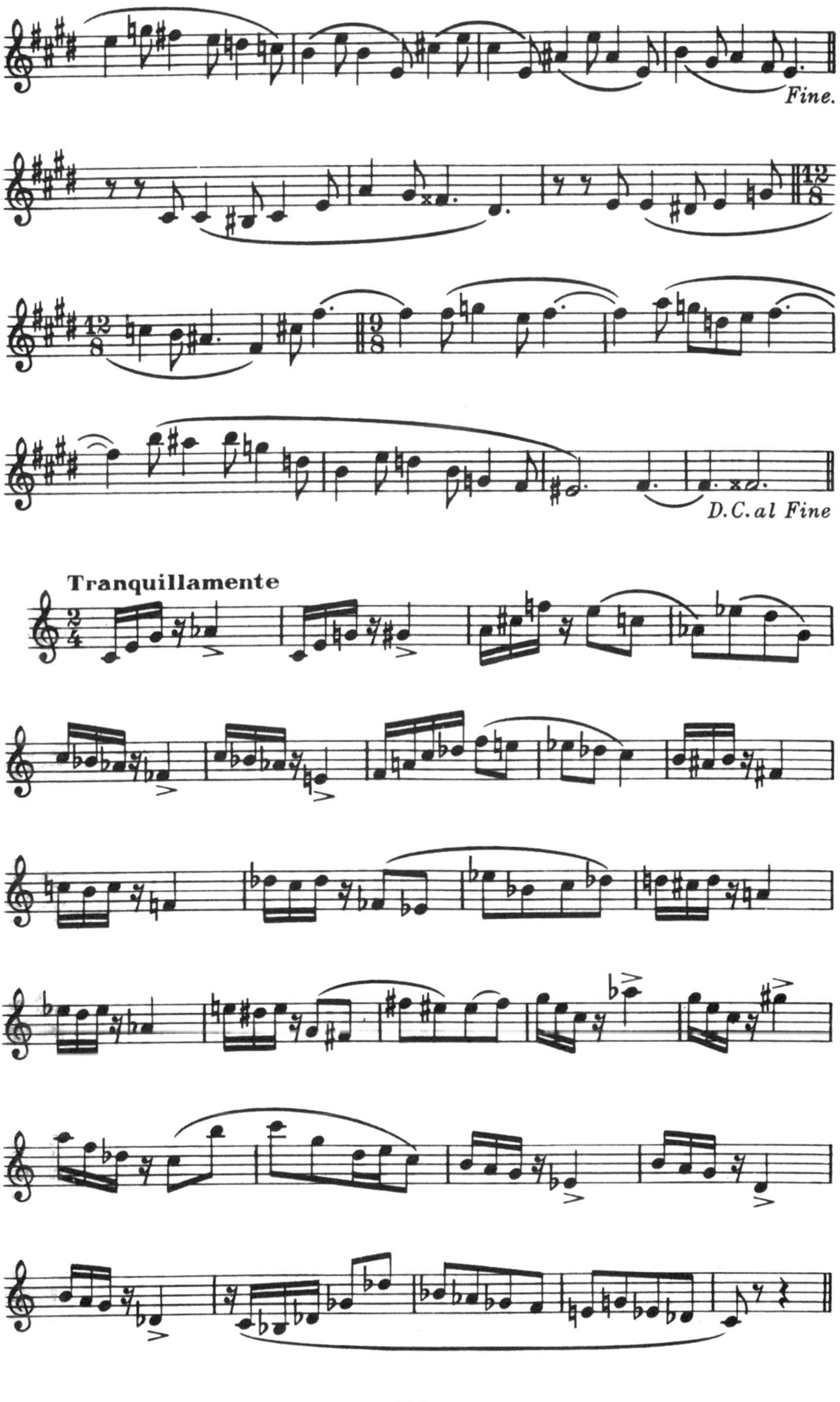
Fine.
D.C. al Fine
Tranquillamente

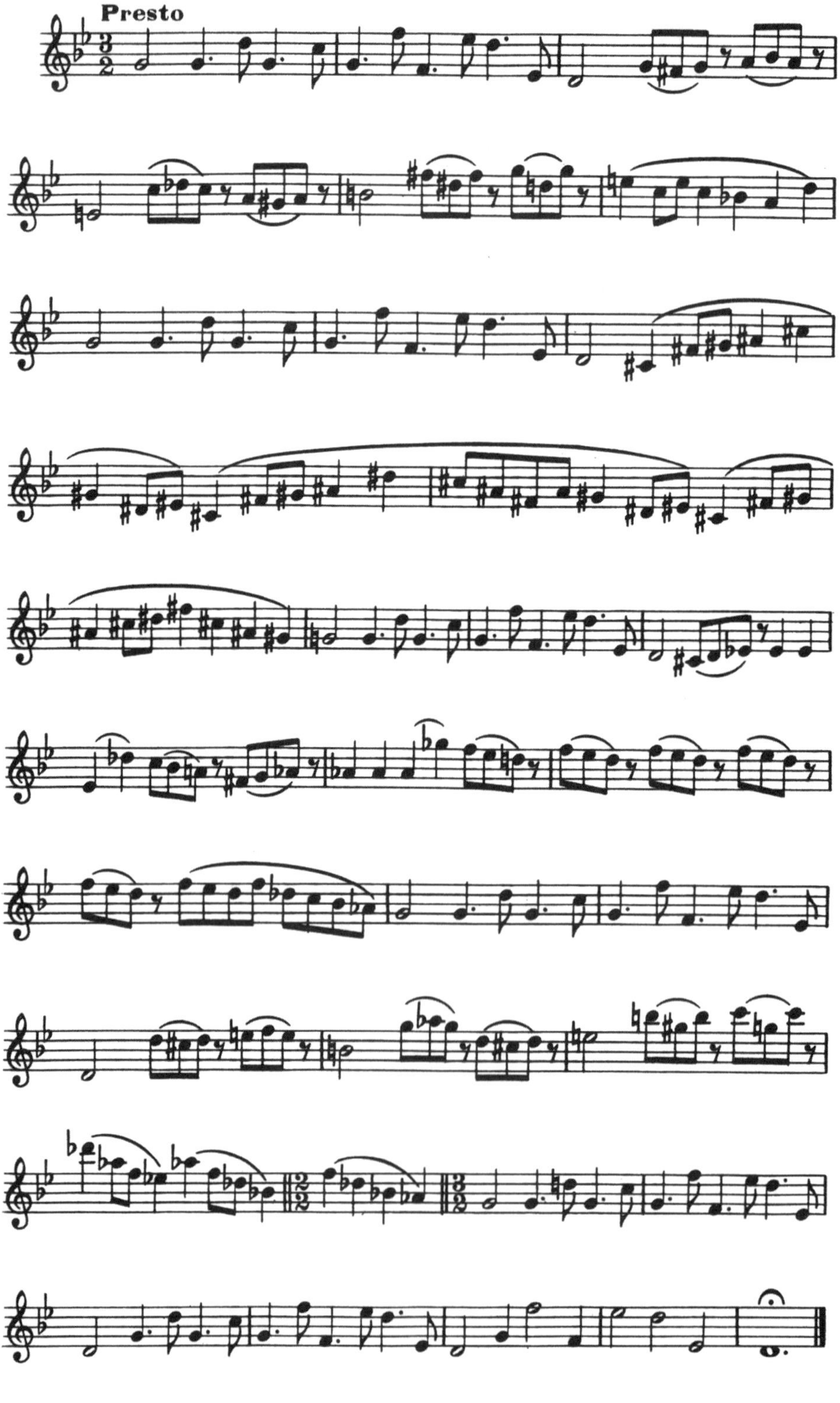
Presto

CAPÍTULO XVI
EXERCÍCIOS SUPLEMENTARES

Escreva-se o acompanhamento de piano para as partes solistas das seguintes sonatinas escritas para flauta e violino.

Aqui se torna ainda menos necessário sujeitar-se unicamente à escritura a quatro vozes, do que nos exercícios do Capítulo XV. Para favorecer uma execução mais fácil e de melhor sonoridade, as harmonias poderão ser enriquecidas (tendo-se sempre o cuidado de manter as duplicações numa proporção adequada) ou reduzidas a dois ou três sons. As harmonias compactas podem ser diluídas em linhas melódicas por meio da figuração harmônica de acordes quebrados. Passagens em uníssono, cruzamento de vozes, reforço do baixo, paralelas e numerosos outros recursos podem ser usados para dar vida e variedade à escrita. Todos estes recursos foram desenvolvidos desde o estilo a quatro vozes, que foi praticado nos capítulos anteriores, quando subordinávamos este estilo à nossa experiência na técnica particular dos instrumentos de teclado. Podem ser encontrados exemplos deste tipo de composição em toda a literatura clássica e moderna.

O modo de realizar estes exercícios é o seguinte:

a) Determinem-se os grupos tonais. Notar-se-á que algumas seções estão compreendidas numa tonalidade (o final da seção está no mesmo tom que o começo) enquanto a caraterística harmônica de outras seções está na sua natureza modulatória.

b) Determina-se de início qual será o estilo no qual serão elaboradas as várias seções. Para ajudar indicou-se com algarismos romanos estas diferentes seções; algarismos iguais indicam seções correspondentes.

c) Escreva-se o baixo de acordo com as considerações expostas em "a": determinando primeiro os principais pontos do andamento harmônico e depois realizando as passagens que as unem. Acrescente-se depois (moderadamente) algarismos que indiquem com clareza o esquema harmônico.

d) Elabore-se todo o baixo de acordo com as considerações expostas em "b".

e) Complete-se a harmonia.

A parte de piano completada pode ser um trabalho muito correto e ordenado, de acordo com as regras da harmonia. Esta é a meta que poderá ser alcançada por aquele que tenha dominado os exercícios anteriores.

Como já foi dito no prefácio, para alcançar esta meta não é necessário possuir talento para a composição. Uma vez alcançado pelo estudante este grau relativamente alto de conhecimentos técnicos, pode ele dedicar-se com a consciência tranqüila, a problemas técnicos de outra natureza, problemas esses que também poderão ser resolvidos sem necessidade de talento criador, mas simplesmente por meio de cálculo e de combinação inteligente. Se, por outro lado, suas versões completas destas sonatinas demonstram que o aluno, além de ter realizado corretamente as possibilidades nelas encerradas, sabe também expressar-se em linguagem pessoal e caraterística, no seu melhor sentido, deverá então encarar a possibilidade de desenvolver o talento criador assim demonstrado com vistas à composição original. A tentativa não poderá prejudicá-lo se não se esquecer que é bem pequena a percentagem de compositores realmente dotados entre todos os que se dedicam a compor e que, mesmo com a melhor boa vontade do mundo, e o critério mais severo, existirá ainda assim o perigo de tomar, por talento criador, aquilo que não passa de um dom para a imitação hábil, ou mesmo uma capacidade muito desenvolvida para a compilação.

Resumindo, diremos: que o fato de que um estudante tenha realizado a totalidade dos exercícios contidos neste livro, nada prova no que diz respeito a suas faculdades criadoras. Por outro lado, um compositor, mesmo que fosse muito dotado, mas que não fosse capaz de executar estes exercícios com toda a facilidade, deverá ser considerado um músico inexperto, de médio preparo.

Sonatina I

Sonatina II

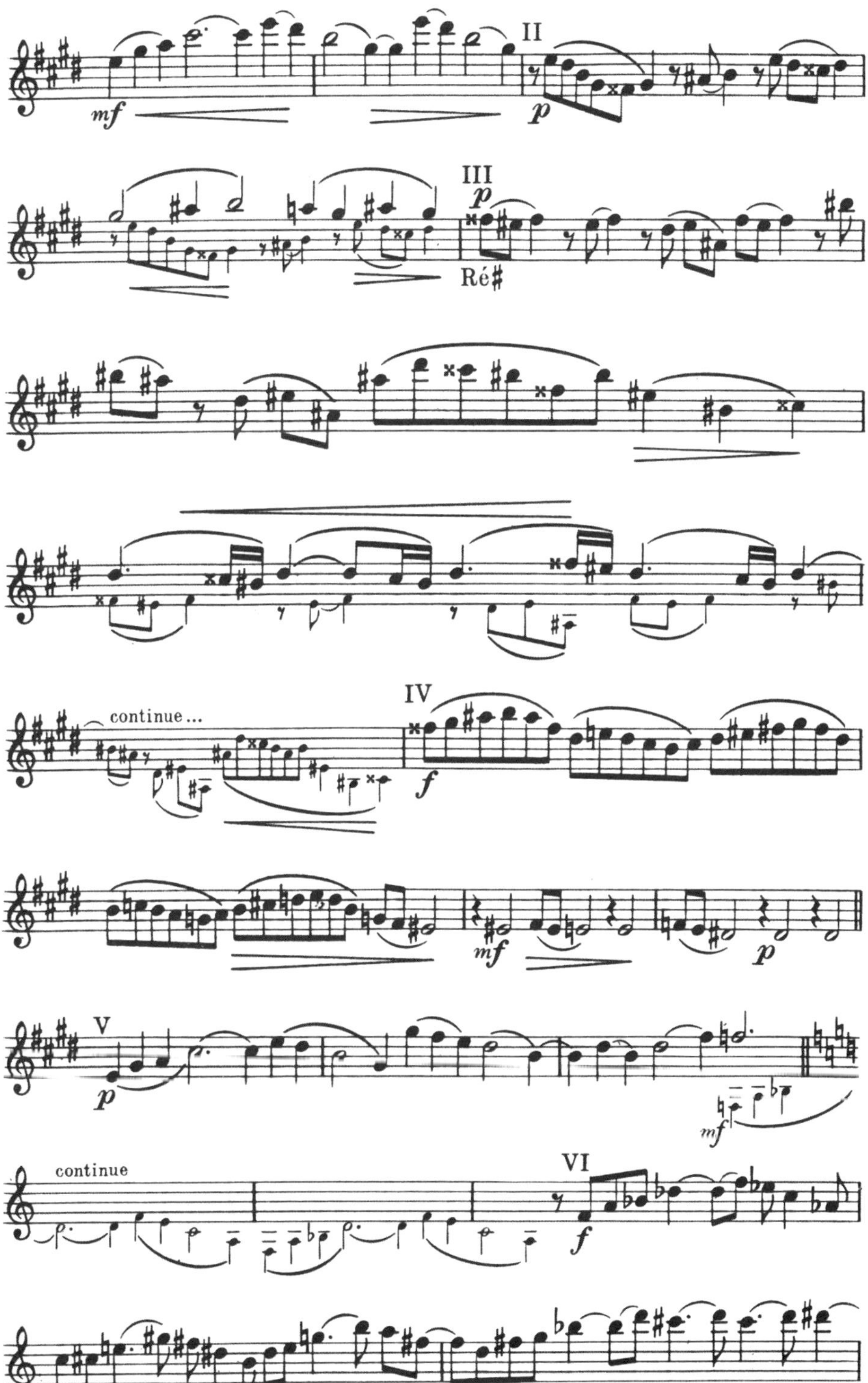
II
III
Ré#
continue...
IV
V
continue
VI

III
continue
f
Sol♯
I
ff
IV
p subito
continue
cresc.
I
f
continue
ff

Sonatina III

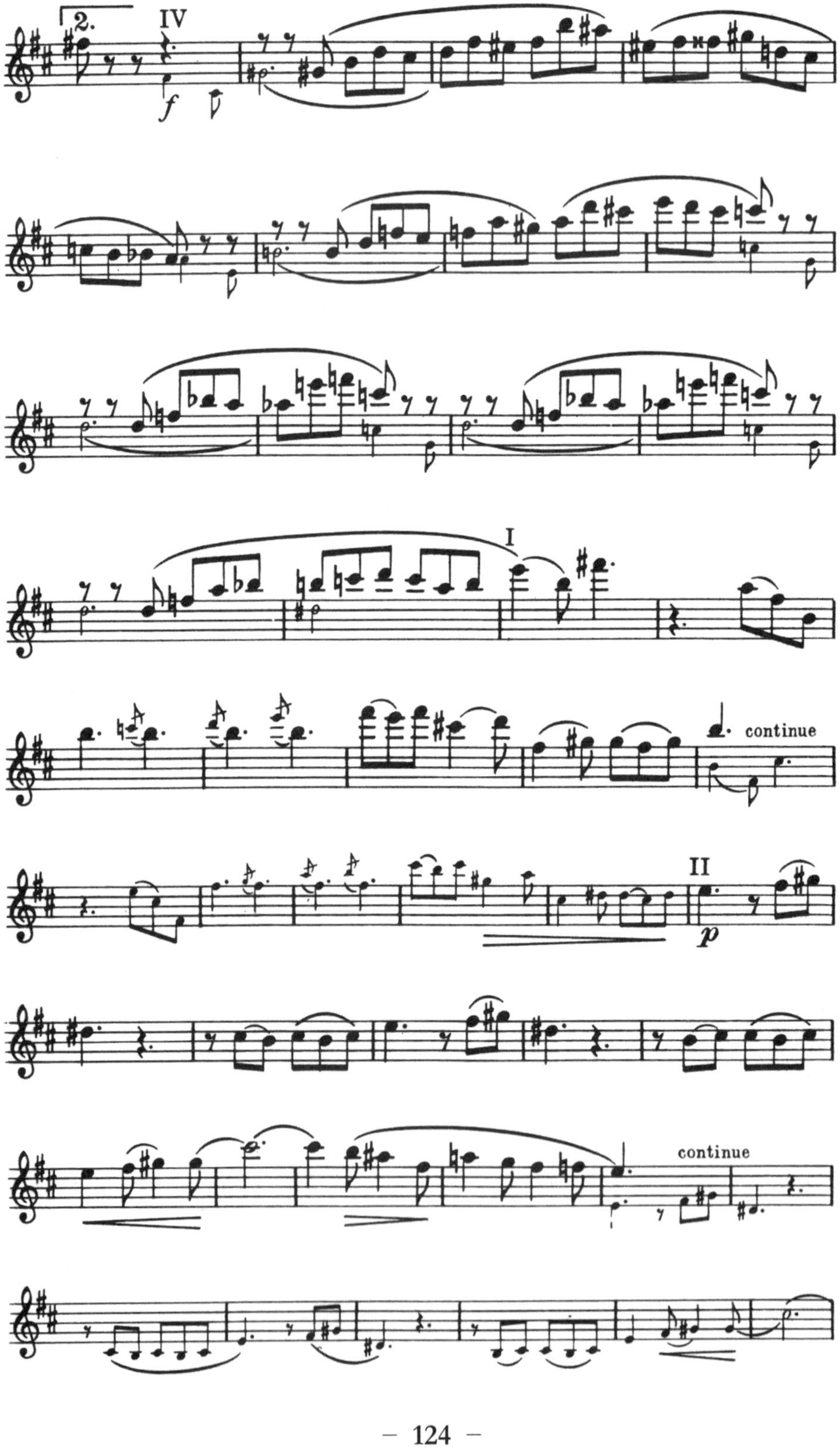
2.
IV
f
I
continue
II
p
continue

Sonatina IV

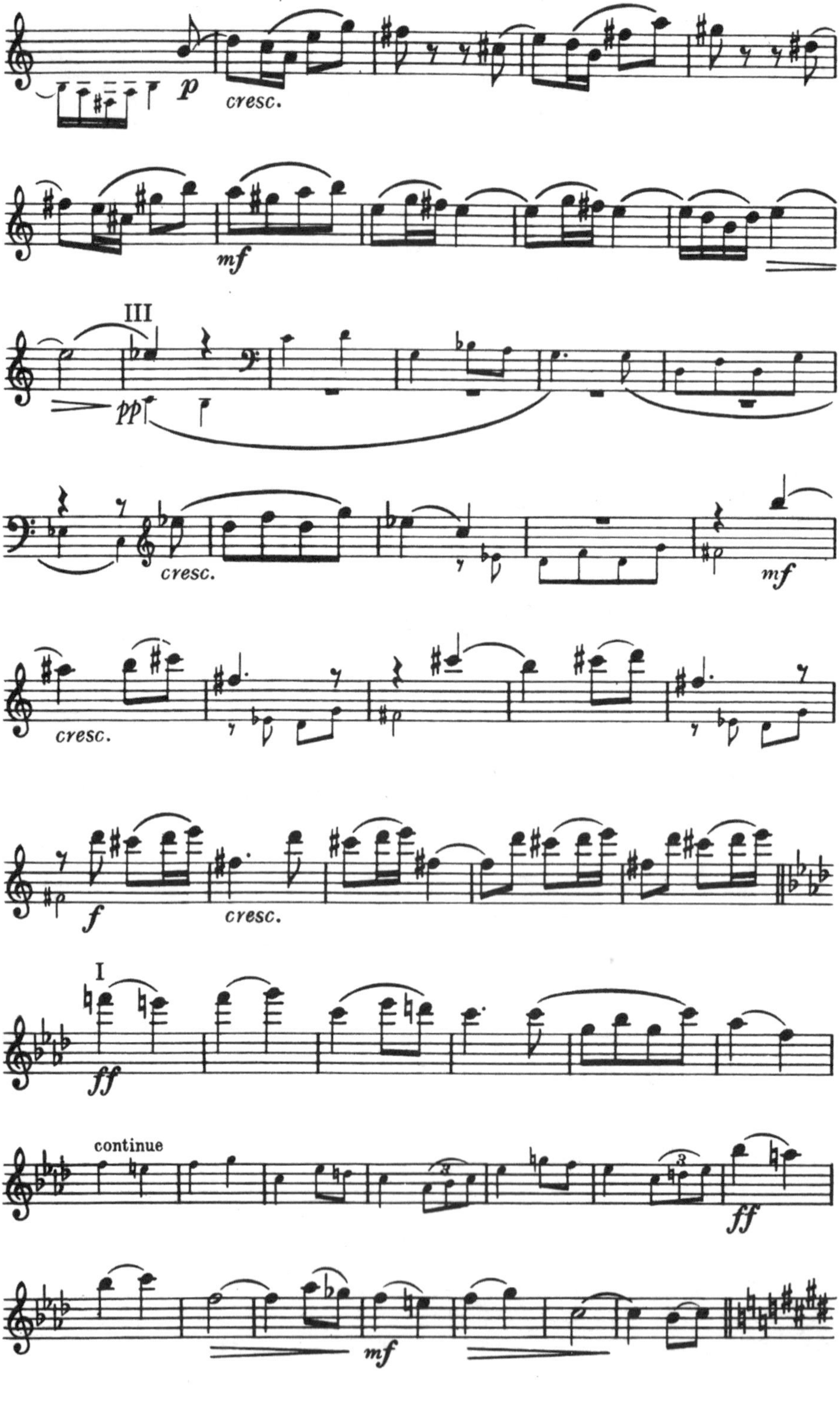
p
cresc.
mf
III
pp
cresc.
mf
cresc.
f
cresc.
I
ff
continue
3
3
ff
mf

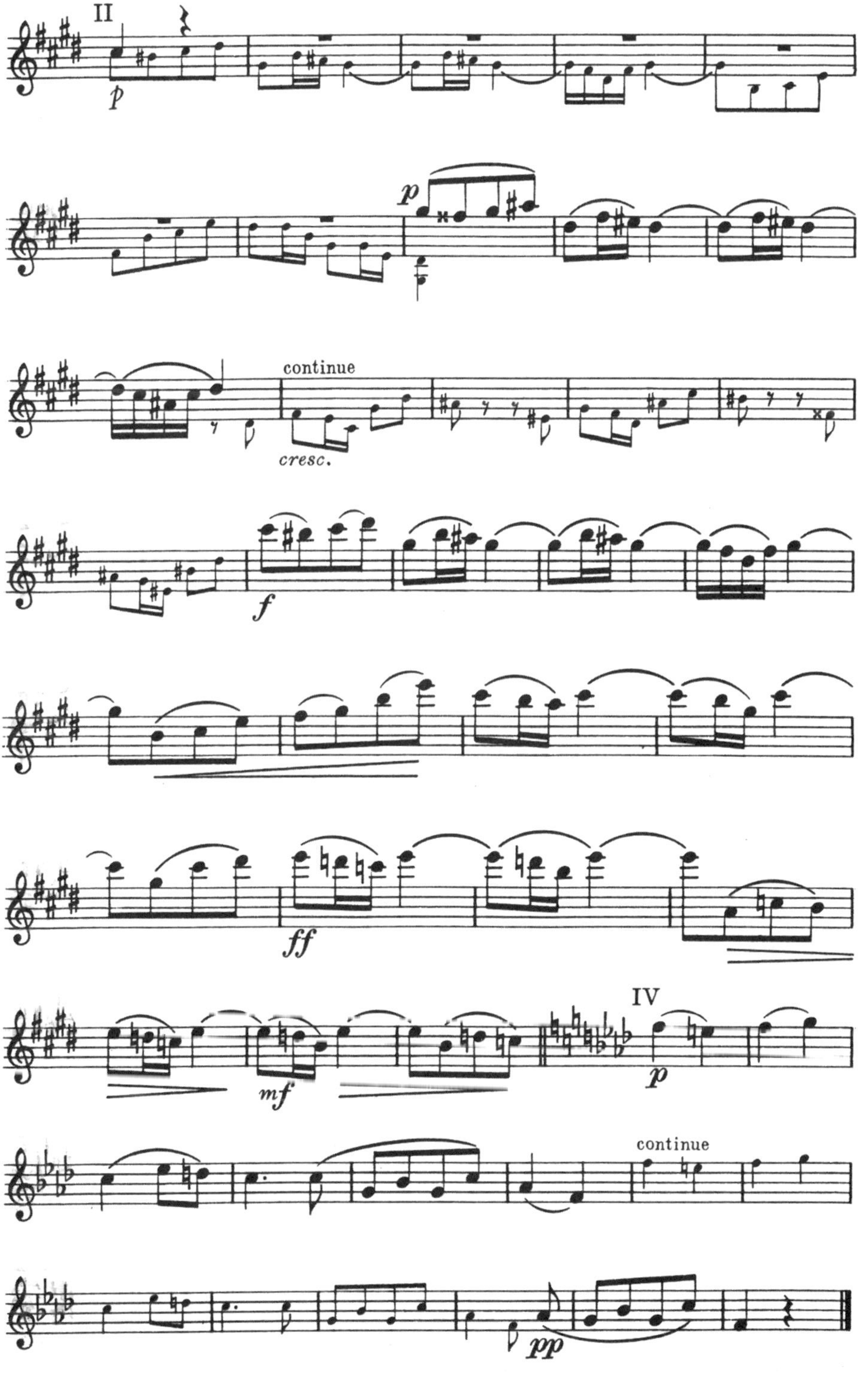
II
p
p
continue
cresc.
f
ff
mf
IV
p
continue
pp